NET PROFIT

毛利变纯利

新阿米巴 × 数字经营

杨胜全 著

| 持续创造高收益的底层逻辑 |

激励机制
心动分配设计

计划制订
利润优于一切

独立核算
看清部门贡献

组织划分
权、责、利分明

企业管理出版社
ENTERPRISE MANAGEMENT PUBLISHING HOUSE

图书在版编目（CIP）数据

毛利变纯利：新阿米巴 × 数字经营 / 杨胜全著. -- 北京：企业管理出版社，2022.1

ISBN 978-7-5164-2428-5

Ⅰ.①毛… Ⅱ.①杨… Ⅲ.①企业经营管理－研究 Ⅳ.① F272.3

中国版本图书馆 CIP 数据核字 (2021) 第 138678 号

书　　名：	毛利变纯利：新阿米巴 × 数字经营
书　　号：	ISBN 978-7-5164-2428-5
作　　者：	杨胜全
策　　划：	蒋舒娟
责任编辑：	蒋舒娟
出版发行：	企业管理出版社
经　　销：	新华书店
地　　址：	北京市海淀区紫竹院南路 17 号　　邮　编：100048
网　　址：	http://www.emph.cn　　电子信箱：26814134@qq.com
电　　话：	编辑部（010）68701661　　发行部（010）68/01816
印　　刷：	河北宝昌佳彩印刷有限公司
版　　次：	2022 年 1 月 第 1 版
印　　次：	2022 年 1 月 第 1 次印刷
开　　本：	700mm×1000mm　　1/16
印　　张：	16
字　　数：	228 千字
定　　价：	78.00 元

版权所有　翻印必究　·　印装有误　负责调换

前 言

当前企业经营因素繁多，各种账期长短不一、错综复杂，常规财务报表不足以及时地、全面地、细节化地反映企业经营实况，无法清晰呈现企业"有收入无利润、有毛利无纯利"的尴尬局面。利润＝销售额×毛利率－费用，所以提升利润有三大路径：一是增加收入；二是提高毛利率；三是降低费用。简单说来就是把"毛利变纯利"。本书介绍阿米巴经营管理模式的构建，帮助企业提升运营管理能力，快速实现纯利倍增。

阿米巴经营模式诞生于日本京瓷公司，并在随后的应用过程中日臻完善，被越来越多的企业所采用。毫无疑问，只要企业在成长，总是要面对如何驾驭大规模、多业务、多区域这一课题。伴随着企业的扩张，更多商品、项目会在企业中诞生，原来的职能型组织将无法承载多样化、多元化商品群。此时，企业背负突围压力，需要尽快找到一种包容性更强、能够驱动多业务同步发展的架构和体制。在这样的背景下，阿米巴经营管理模式应该及时现身，登上企业发展舞台。

阿米巴经营管理模式能够直面企业复杂的发展形势，是因为其提供了一种"集中决策、分散运营"的组织框架，在企业统一的经营理念、远景、战略下，将企业这条大船化整为零，形成一个多船列队的共存模式。企业从一个整体演变成一个个战略事业单元，每个事业单元都是以利润中心为核算模式的，最终实现对千头万绪的多业务局面的科学划分与有机梳理，并对各事业单元的核算管理、计划管理、业绩管理、激励管理等制度加以完善，完成自身从简单、传统经营体制向复合、先进体制的转变，支撑自身持续增长。

过去几年间，笔者受邀进入企业，与经营者、经理人近距离交流，为其答疑解惑，并发现在数据已成为重要生产力的当下，还有很大比例的经营者往往是根据自己的经验和直觉解决问题，而不是基于市场和企业自身的数据做出应对决策，这样做出的决策就是"拍脑袋决策"。市场竞争越来越激烈，一旦决策失误，企业就会付出沉重的代价，因此，不以市场和经营数据为依据的拍脑袋决策方式必须改变。

经营是一门科学，70%以上的经营活动必须转化为数字，其工具就是经营管理会计，经营企业要用数字说话，数字可以让管理有据可依。说不出来就做不到，说不清楚就做不好，要把管理说清楚，就要用数据分析方法去反映企业问题。理念—战略—组织，通过经营管理会计将战略转化为数值，继而转化为员工每一天的活动，阿米巴经营模式就是这样一个自我闭环的体系。

阿米巴经营模式创立者稻盛和夫缔造了制造业巨头京瓷集团和通信公司KDDI，迄今为止一直保持高收益，并且可持续发展。阿米巴经营模式是京瓷集团经营成功的两大支柱之一。

阿米巴经营模式"把企业划分成一个个利润中心，每个利润中心都按一个小公司的方式运营，独立核算，自负盈亏，并对最小的经营组织进行业绩评估；通过赋权经营，在公司内部不断培养与企业理念一致的经营人才，创造高收益，成就员工，是一种激发员工潜能的经营管理模式。"

企业在"做大规模"的同时也在"划小核算"，大小结合的效果体现在三个方面：一是权、责、利清晰，激发员工的积极性；二是促进了管理企业科学化；三是发挥了总公司功能。既然阿米巴经营拥有如此大的价值和魅力，企业应该从实践角度对其深入剖析和总结，探究阿米巴经营模式的奥妙，这对企业而言是件大有裨益的事情。

杨胜全　于广州

2021年5月8日

目录

第一章
认识阿米巴经营，毛利变纯利

第一节　什么是阿米巴经营 / 3
一、阿米巴即利润中心 / 3
二、阿米巴经营的价值 / 6

第二节　创建阿米巴经营的条件 / 10
一、阿米巴经营创建前的管理困扰 / 10
二、阿米巴经营模式创建条件分析 / 13

第二章
阿米巴经营模式下的总公司与组织划分

第一节　阿米巴总公司的机能和机构 / 19
一、阿米巴总公司的机能 / 19
二、阿米巴总公司的机构 / 19
三、总公司机能的进化与企业发展 / 23
四、总经理在阿米巴组织图中的职责 / 24
五、总公司经营管理部部长的职责、定位及胜任条件 / 24

第二节　阿米巴组织划分与内部交易 / 28
一、组织设计的策略 / 28

二、组织划分的案例 / 36

　　三、内部交易机制建立 / 43

　　四、总公司费用分摊 / 46

　　五、组织划分后核算的集中管理 / 47

第三节　阿米巴组织授权 / 51

　　一、组织授权原则 / 51

　　二、组织授权的设计 / 54

　　三、组织授权的四种方法 / 60

第四节　巴长的产生 / 62

　　一、巴长的用人标准 / 62

　　二、巴长的任命策略与形式 / 66

　　三、巴长的兼任 / 68

　　四、巴长的内部培养与空降 / 68

第三章
阿米巴经营管理会计

第一节　阿米巴经营管理会计与财务会计 / 75

　　一、阿米巴经营管理会计的意义 / 75

　　二、阿米巴经营管理会计与财务会计的比较 / 75

　　三、阿米巴经营管理会计与财务会计生成过程 / 77

　　四、阿米巴经营管理会计计算对象范围界定 / 78

第二节　阿米巴经营管理会计损益表的构造 / 78

　　一、阿米巴损益表的重要科目说明 / 78

　　二、阿米巴损益表变动费、固定费的定义及其分类方法 / 80

　　三、阿米巴损益表计算的两个原则 / 81

　　四、阿米巴损益分歧点计算与优化对策 / 83

五、阿米巴损益分歧点安全度意义与评价标准 / 86

　　六、阿米巴损益分歧点图的含义、画法及意义 / 89

第三节　阿米巴经营管理会计的业态分类和损益构造 / 90

　　一、理解阿米巴损益表上部构造和下部构造 / 90

　　二、阿米巴损益构造的含义与损益构造分析 / 91

　　三、边界利益率与业态的关系 / 92

　　四、个别行业细分业态及其损益构造的特征 / 94

第四节　阿米巴经营管理会计边界利益率与市场较差竞争力 / 103

　　一、理解毛利益和边界利益的不同 / 103

　　二、理解边界利益率如何体现企业市场较差竞争力 / 105

　　三、市场较差竞争力（边界利益率）发生变化的案例 / 108

　　四、影响边界利益率（市场较差竞争力）的内、外部因素 / 110

　　五、改变边界利益率（市场较差竞争力）的外部经营因素 / 114

第五节　阿米巴经营管理会计与生产力 / 121

　　一、从发生形态理解费用分类 / 121

　　二、可管理费和不可管理费的含义及其意义 / 123

　　三、固定费计划的制订及其应用 / 125

　　四、管理变动费、固定费的基本原则 / 128

　　五、实践的计划管理的进行方法（P/L 分权）/ 130

　　六、经营体制的本质与固定费的分类 / 131

　　七、固定费与经营力的集约 / 136

第六节　阿米巴经营管理会计计数与生产性 / 140

　　一、生产性的含义 / 140

　　二、固定费生产性的含义、意义及评价标准 / 142

　　三、人工费生产性、人·月劳动生产性的含义、意义及评价标准 / 143

　　四、设备费生产性的含义、意义及评价标准 / 150

　　五、其他经费生产性的含义、意义及评价标准 / 151

六、固定资金利息生产性的含义、意义及评价标准 / 151

第四章
阿米巴经营利益计划的制订与实施

第一节　阿米巴经营理念、远景、长中期计划和年度计划的关系 / 155
　一、计划的形成 / 155
　二、计划与 PDCA 的关系 / 156

第二节　阿米巴经营计划的种类及其之间的关系 / 157
　一、计划的种类 / 157
　二、计划之间的关系 / 158

第三节　阿米巴经营计划概要 / 159
　一、计划的目的 / 159
　二、计划的对象 / 159
　三、计划的制订者 / 160
　四、计划制订的基本思路 / 161
　五、计划的内容 / 166

第四节　阿米巴经营利益计划的计数思路与制订方法 / 168
　一、基准利益计划 / 168
　二、挑战利益计划 / 169
　三、标准利益计划 / 170
　四、利益计划的计数思路 / 170
　五、利益计划制订的演练 / 171

第五节　阿米巴经营利益计划的制订顺序及其案例 / 175
　一、利益计划损益表的横列说明 / 177
　二、利益计划损益表的纵列说明 / 178
　三、利益计划制订的顺序及推演案例 / 178

第五章
阿米巴经营业绩分析与改善

第一节　阿米巴经营业绩管理 / 185
　　一、业绩管理制度的建立 / 185
　　二、业绩管理的意义 / 186
　　三、业绩管理的方式及方法 / 186
　　四、业绩管理的管控 / 188

第二节　阿米巴经营损益预测实绩分析 / 191
　　一、损益预测实绩分析的含义 / 191
　　二、损益预测实绩分析的目的和机能 / 192
　　三、预测实绩分析的对象 / 193
　　四、损益预测实绩分析的内容构成 / 196
　　五、损益预测实绩差异分析的方法 / 197
　　六、损益预测实绩分析的应用案例 / 201

第六章
阿米巴经营业绩评价与激励

第一节　阿米巴评价指标设计 / 213
　　一、业绩评价制度的建立 / 213
　　二、业绩指标的当年短期效益评价 / 214
　　三、业绩评价指标的分类 / 215
　　四、业绩评价指标的设定 / 217
　　五、业绩评价指标的活用 / 219
　　六、业绩指标的发展要素考虑 / 220

七、业绩评价的规范　／　222

第二节　阿米巴的激励机制设计　／　223
　　一、阿米巴分红奖金的来源　／　223
　　二、阿米巴业绩奖金考评举例　／　225
　　三、阿米巴销售额奖金跳点设计实战技巧　／　226

结　语　／　231

附1　设计经营管理会计损益表的注意事项　／　233

附2　阿米巴经营管理会计损益表常用计算公式　／　242

参考文献　／　245

第一章
认识阿米巴经营，毛利变纯利

对于不熟悉阿米巴经营的企业而言，阿米巴经营带有一丝神秘，而了解并已转向阿米巴经营模式的企业，正体味着阿米巴所创造的价值。

阿米巴经营模式这一带有传奇色彩并蕴含管理智慧的体制正在被我国越来越多的企业所尝试。毕竟，阿米巴经营模式在企业家通向更辉煌未来的体制选择上扮演着一个重量级的角色，它承载着企业在规模化进程中保持效率、放大优势、调控平衡、统专兼顾的梦想。

第一节
什么是阿米巴经营

一、阿米巴即利润中心

阿米巴虫是一种变形虫，它由单细胞构成，没有固定的外形，可以随着外部环境变化而任意变形，这种极强的环境适应能力使其在地球上生存了几十亿年。稻盛和夫的京瓷公司历经4次全球性经济大萧条屹立不倒，正是因为其经营方式——阿米巴经营可以使企业随着外部市场环境的变化而不断"变形"，并调整到最佳状态，这与阿米巴虫的群体行为方式非常相似。

阿米巴是企业内部根据不同产品线、区域、细分市场（客户群）、职能等组建的利润中心。为进一步理解阿米巴经营的概念，我们需要把握如下要点。

首先，阿米巴是企业内部根据战略发展和经营需要创造出来的战略事业单元，也可看为"企业内企业"。

其次，阿米巴实质是企业内部的部门，部门的核心属性是经营性质的，是承载企业某一方面业务或职能的，而且要取得既定经营成果的，同时，它整体上采用的是利润中心的核算模式。在这里，需要对利润中心做出必要诠释。阿米巴的利润中心又可称为企业内部虚拟利润中心，其存在的目的在于支持阿米巴成果的衡量，同时，赋予阿米巴团队明确的经营责任，并为阿米巴业绩管理提供路径，即企业采用利润中心的核算模式使阿米巴成为虚拟公司，从而可以对阿米巴采取模拟公司化运营与管控。当然，对阿米巴的管控不同于对子公司的管控，由于阿米巴是企业内部的一个部门，因此，企业对其管控具有很大弹性和个性，这也是阿米巴优势所在。

最后，阿米巴所承载的"事业"载体是什么？阿米巴经营的概念已经指出，根据不同产品线、区域、细分市场（客户群）或职能等组建利润中心。由此，阿米巴可细分为产品型阿米巴、区域型阿米巴、顾客型阿米巴（也可称为市场型或行业型阿米巴）以及职能型阿米巴等。

对于产品型阿米巴来说，企业内多类产品的细分产品就是其承载的"事业"，是对产品研发、生产、销售一条龙的承载（有时还包含工程安装、物流运输等职能）。产品型阿米巴对某一类或几类产品的经营业绩负责。换言之，就是企业将内部产品按照某种特性细分，根据细分结果组建不同的阿米巴。例如，某企业生产家用空调和电饭煲，采用的是两类产品共用一套研产销体系的经营模式（传统职能制），如果改用阿米巴经营模式，可以针对家用空调和电饭煲两类产品组建两个阿米巴：一个专门负责空调的研产销，即空调阿米巴；一个负责电饭煲的研产销，为电饭煲阿米巴（见图1-1）。

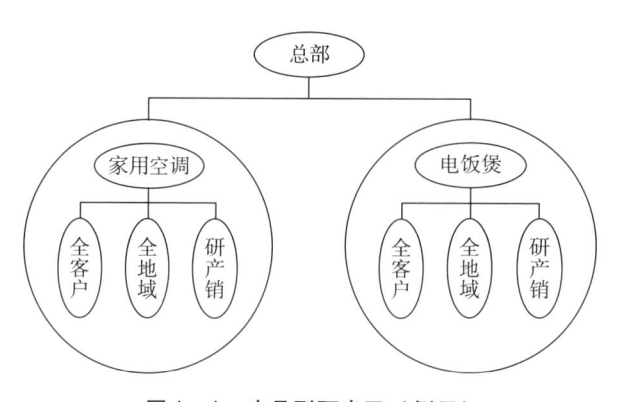

图1-1 产品型阿米巴（例示）

区域型阿米巴承载的"事业"是各区域内的产品经营或服务，按照区域划分是这一类阿米巴的明显特征。例如，A企业不是按照产品划分阿米巴，而是在北京建立北方阿米巴，统一负责空调和电饭煲的研产销，在上海建立南方阿米巴，辐射南方客户，统一供应空调和电饭煲。在这里，南、北方阿米巴都是利润中心体制（见图1-2）。

顾客型阿米巴是企业按照细分市场或行业特征划分的阿米巴，从而创建出具有强烈顾客导向的阿米巴。例如，A企业既未按照产品划分阿米巴，也未按照区域划分阿米巴，而是将客户分为高收入家庭和普通收入家庭两类，从而组建起大客户阿米巴和大众客户阿米巴。大客户阿米巴面向高收入家庭

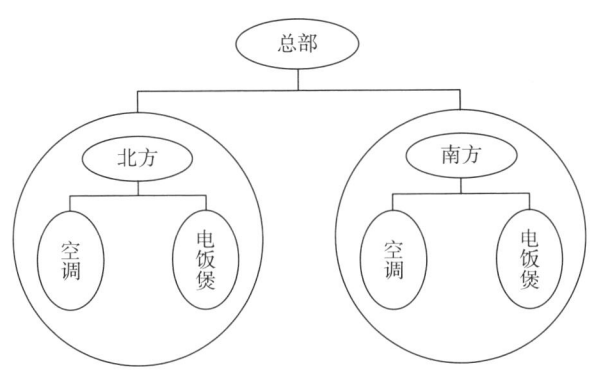

图1-2 区域型阿米巴（例示）

研发高档空调和电饭煲，大众客户阿米巴面向中低收入家庭提供经济型空调和电饭煲产品（见图1-3）。

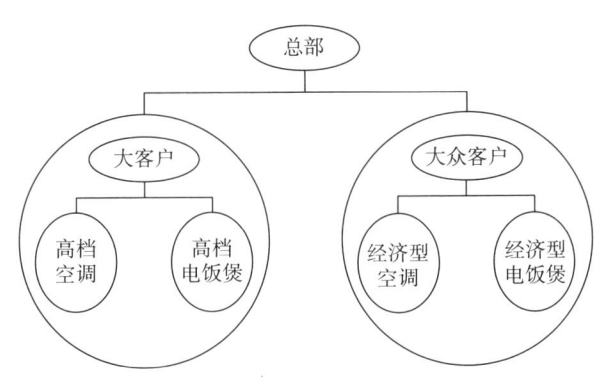

图1-3 顾客型阿米巴（例示）

职能型阿米巴则保持现有的研产销统一的职能组织功能平台，但将研发、生产、销售体系都构建成"利润中心"，使之能够实现单独核算以及内部市场交易，从而创建出"研发阿米巴""生产阿米巴"和"销售阿米巴"（见图1-4）。

在这里，还有两点需要说明。一是在上述阿米巴的四种类型中，产品型阿米巴通常为典型形式，其突出特征是研产销职能按照不同产品线实现各自的一体化集成。区域型和顾客型阿米巴包含内部的产品研产销职能集成，可看作标准化阿米巴（称为事业部）的具体演变。二是在现实中，阿米巴不一定按一种划分标准组建，可以是混合型阿米巴。

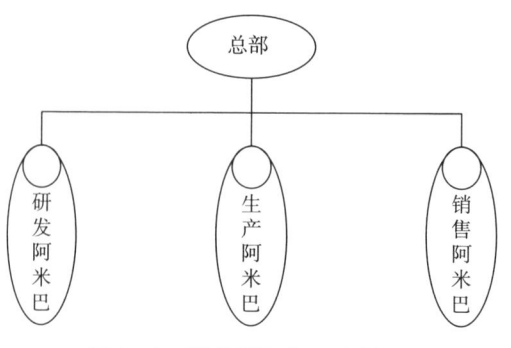

图1-4 职能型阿米巴（例示）

二、阿米巴经营的价值

阿米巴之所以引起热议，并被部分企业推崇，主要缘于其为企业带来的突出价值。

1. 阿米巴经营模式为企业管理者提供了驾驭大规模经营局面的模式

当直线职能制企业壮大到一定程度，企业必然面临各种各样的管理问题，此时，因规模过大而产生的问题接踵而来，比较突出的是企业信息失真，管理混乱，组织运行效率低下，市场服务满意度下滑，甚至频频出现决策延迟或失误的情况。这类整体性问题，在原有体制框架下难以找到突围路径。此时，阿米巴经营模式则为焦头烂额的管理者提供了一个破茧而出的模式——通过组建内部战略事业单元，划小经营单位，顺利消减规模过大带来的负面影响，使企业在规模化后成功转向"大组织、小核算"的体制构架（见图1-5）。

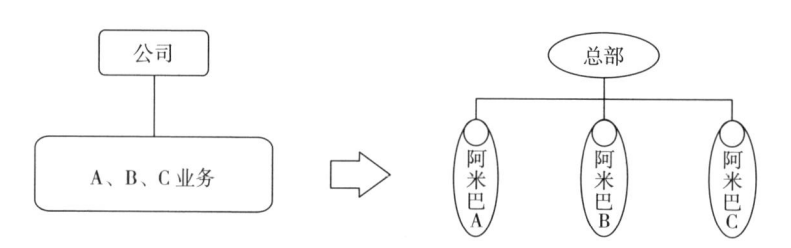

图1-5 划小经营单位，消减规模

毛利变纯利

2. 阿米巴经营模式为企业管理者提供了继续做大的路径

在阿米巴经营模式下，企业管理者继续做大的意愿可以得到至少两种发展模式的支持：一是做大总公司下的现有事业单元；二是不断创建新的事业单元，并将其做大。做大现有事业单元是阿米巴经营模式本身以及总公司共同的使命，而不断创建或分化出新的事业单元，则更多依赖总公司的战略性考量以及相应激励政策的出台。不论怎样，阿米巴经营模式本身就蕴含数量性（增加新事业单元的数量）、规模性（做大现有事业单元）双重发展的机制，可以在总公司的管控模式框架下，通过不断做加法以增强现有事业单元或孵化新的事业单元（见图1-6）。

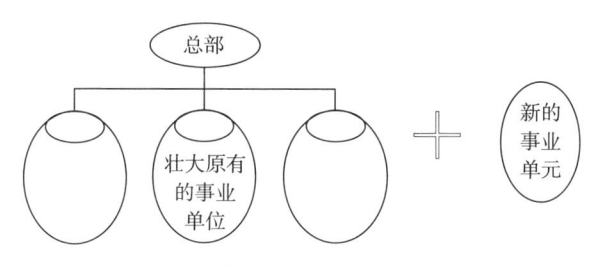

图1-6 阿米巴体制的双重发展机制

3. 阿米巴经营模式为企业经营多元化找到了方式，从而构建专业化服务

在直线职能制下，随着产品、区域、顾客的多元化以及职能规模的膨胀，企业管理者很难找到合适的组织梳理方式，从而导致多业务交叉运作，权、责、利不清容易导致企业运作混乱，而且专业运营力量无法产生。当然，研发和销售职能制下的经营要素细分可以实现初步的专业化分工，但是细分机构之间的跨部门对接和协调极大地提高了企业管理成本，并使业务流程变得错综复杂。而阿米巴经营模式则通过围绕产品线建立利润中心，使经营要素从总体多元化走向内部专业化，从而达到通过事业平台凝聚专业资源，塑造专业能力的目的。经过阿米巴经营模式的"梳理"，多元化要素得到专业化管理，企业运行秩序得到回归。

4. 阿米巴经营模式帮助企业提高市场反应速度

总公司管理框架下的划小经营单位、独立核算，使得阿米巴不仅专注于特定事业，而且由于内部研产销职能的快速协调，将较大程度地提高市场反应速度。阿米巴经营模式就是要解决经营规模超大、经营方向混杂、职能间日常协调低效率的问题，因此，一个规模适中、方向专一、职能间统筹的阿米巴在拥有足够权限的管理团队的领导下，一定会提高其对市场的反应速度。反过来说，如果阿米巴本身走到了规模超大、方向多元化、职能之间协调效率跌回低谷的阶段，那么这个阿米巴就需要进行二次拆分，分化成两个以上的小微阿米巴，从而提高市场反应速度和解决服务质量问题。

5. 阿米巴经营模式实现了企业发展规划与发展承接的有机分化

阿米巴经营模式是典型的"集中决策、分散运营"的模式，在将经营权一定程度下放的同时，同步提升了总公司的经营层次，使之从以往的业务运营中解脱出来，集中精力于企业发展规划、新事业单元的管控与协调上。在传统职能型组织体制下，研产销专业职能直接由主管领导负责，结构性的经营层次难以划分出来，因此，主要领导在事务性工作方面投入的精力比较多。也就是说，在阿米巴经营模式下，阿米巴已经演化为虚拟公司的组织形式，这为下放权力提供了平台，同时，在管理虚拟公司过程中，总公司监管更多的不是阿米巴具体工作细节，而是阿米巴总体经济效益创造和发展计划的执行。这个时候，真正意义上的总公司的概念才得以浮现。

6. 阿米巴经营模式分摊了企业的经营风险

阿米巴经营模式体现了"鸡蛋不放在一个篮子里"的经营理念（见图1-7）。

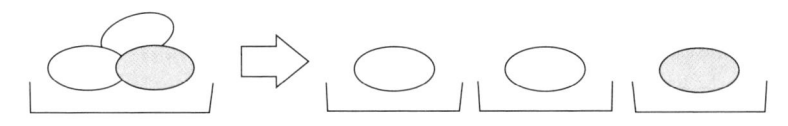

图1-7 鸡蛋从一个篮子分到多个篮子里，规避风险

不同产品线归于不同阿米巴进行相对独立的经营与管理，规避了公司一插到底管理所有产品可能导致的一旦经营失误影响全局的情况。虽然阿米巴之间存在一定的协作关联，但其资源配置都具有各自特征，相互之间影响不大，某个阿米巴出现变故，不会影响其他阿米巴。这就好比电路的并联，一个电路出现问题，并不影响其他电路的正常供电。

7. 阿米巴经营模式可以"激活组织"

按照产品线、区域、细分市场、职能等四要素或其组合而构建的阿米巴，本质就是打造"平台+自主经营体"。这种"自主性"来源于阿米巴的充分授权，从而实现相对独立经营。从公司角度而言，希望阿米巴发挥"小而灵"的优势，建设"活力组织"，落实用户导向，提高决策和运营效率，展现小经营单元柔性，并通过新品研发及业务模式创新去布局未来。

面对阿米巴这一自主经营体，公司的使命变为：支持现有事业单元做大、做强，同时孵化新的事业单元。而且，外部团队同样可以带着符合公司战略的项目进入公司，成为经营体中的一员。于是，公司转变为一个创业的平台、一个发展的环境、一个开放的空间，提供事业单元诞生、成长所需的各类机制和资源。

阿米巴经营模式，让公司从"经营产品"升级到"经营事业单元"，其功能由原来的"围绕具象产品力"转变为如今的"围绕自主经营体发展规划"。

当然，阿米巴在为企业带来正向价值的同时，也为管理者带来了诸多困扰，主要表现在以下几个方面。

第一，阿米巴经营模式对管理者提出了更高管理要求。

毫无疑问，阿米巴经营模式对企业管理者提出了诸多新的管理挑战，从宏观层面而言，就是如何保障阿米巴在相对自主经营且不失控的情况下逐步做大，从而支持企业整体做大。主要包括如下要点。

①如何激发阿米巴负责人的积极性和责任心。

②如何确保阿米巴在当期效益和发展储备间取得平衡，避免其以牺牲公司发展为代价，一味急功近利，追求眼前效益。

③阿米巴从事具体经营后，总公司的价值体现在哪里，如何正确定位。

④总公司如何实现对阿米巴的"分权有度、管控有道"，避免"一管就死、一放就乱、再管还死、纠结困惑"的局面。

⑤总公司职能部门如何穿过阿米巴"权力已下放"这堵墙，有效施行"对口"职能管理。

⑥阿米巴部门如何高效协同，建立健全内部交易规则。

⑦总公司如何能够全周期把控发展资源命脉，避免资源浪费和失控情况的发生。

第二，标准阿米巴部门（事业部）可能导致部门重复建设、资源重复分布或不能共享。

首先，每个事业部都要建立一套职能管理体系；其次，每个事业部都拥有自己的大区销售机构或销售代理渠道；再次，每个事业部都设立自己的研发队伍，没有打造统一的研发平台。这些围绕产品线纵向组建的机构存在重复设置或依附的资源不能共享等情况，增加了企业管理成本。

第二节
创建阿米巴经营的条件

阿米巴经营模式能够破解哪些管理疑难？阿米巴经营模式的创建又要具备什么条件呢？这是不少企业关心的问题。要知道，这些公司正在为研产销几大职能间的协调通畅忙得不可开交，而且这种情况已持续很长时间了，尤其是在产品线增多之后，企业内耗越来越大，市场反应越来越慢。阿米巴经营模式是否能够应对这样的局面呢？公司具备向阿米巴经营模式转型的条件吗？

显然，并不是所有企业都适合采用阿米巴经营模式，这要看其是否具备划分核算单元的条件。对具体企业而言，除了认清阿米巴经营模式的本质外，还要对企业的业态、所处发展阶段、管理水平、拥有资源等情况透彻分析，从而能够在向阿米巴经营模式转型过程中科学、稳健决策，避免盲目改制。

一、阿米巴经营创建前的管理困扰

管理变革往往来源于企业实践困扰的促动，那种先知先觉的变革也许存在，但毕竟不占主流。实行阿米巴经营模式的想法也不是凭空出现的，通常在此阶段，企业管理团队已因诸多问题的折磨而备受煎熬，没有这样的痛楚，一般难以检讨当前体制的弊端，更难以另觅新路。

综合来看，在实行阿米巴经营模式之前，企业一般采用职能制或母子公司管控模式，下面将深入分析这两种管理体制。企业采用职能制，通常出现的问题是产品多样化与职能制管理体制之间的冲突问题——在企业因产品的品种增加而走向规模化的过程中，职能制的弊端开始暴露。

1. 研产销职能横向协调矛盾日益突出

在职能制管理体制下，随着企业规模的扩大，研产销体系中都包含多种产品的研发、生产与销售职能，这进一步加剧了三大职能间的不协调和矛盾。日常工作中，多种产品同步的横向沟通与协作将职能本位主义的不足淋漓尽致地暴露出来，企业管理成本急剧增加，甚至持续出现围绕产品的业务流程执行混乱的局面。研产销之间的不协调会将负面效应一直辐射到用户端，从而造成用户需求因企业内部扯皮、运营效率低、供应链组织不利而得不到满足。用户明显感觉到企业官僚化，企业市场反应滞缓。

如果说直线职能制能够适应单一产品的跨职能协调，那么好产品数量增加后，跨职能协调效率变得越来越不能让人容忍。此时单纯从常规的协调角度去解决多产品的协作问题就基本走入了死胡同，困扰始终得不到解决。而阿米巴经营模式根据产品线进行对应的组织切分，将多产品和复杂大组织细分成单一产品和简单并行小组织，从而恢复原来的单一产品职能制，使得围绕产品的协调效率得以提升。

2. 研产销三大职能平台必然对产品厚此薄彼

并不奇怪，受利益的驱使，销售部门喜欢投入精力推广当期好卖、提成丰厚的产品，生产部门愿意优先加工对自己有利的产品，研发部门则根据资源情况不得不对产品进行选择性的研发计划排序。显然，职能平台的这些行为并不符合企业管理者的意志，一些被列入重点推广或储备计划的产品可能并不受到职能平台的重视。企业管理者当然可以通过各种激励、考核方式进行重点产品的引导，但是这需要建立相对复杂、细致的激励、管控政策，成效也是逐步实现的。

很明显，企业在最初的单一产品情况下，研产销职能机构没有其他选择，只能一心一意做好唯一的产品，但当多产品局面出现后，趋利性的选择就成了必然。如果体制层面不进行深度变革，只是从软性激励方面改进，将不会彻底迅速地获得成效。而阿米巴经营模式对产品的划分将经营团队带回到单一（或少量）的产品格局中，将眼前的产品做好成为唯一使命，不存在厚此薄彼。

3. 职能制不易产生真正意义上的企业总公司

在直线职能制下，企业的视野将停留在一定层面，这个层面更多的内容将是企业运营。原因在于直线职能制构建的是一种贴身指导的集权体制，从而使企业战略层面与运营层面没有一定程度的区分。在不少大规模的直线职能制企业，企业领导人日常还经常充当消防队长，忙得不可开交，无暇顾及其作为舵手的使命。这绝不是领导人不肯放手、受限于领导风格或不擅时间管理的问题，而是体制使然。不进行体制变革将不能使企业领导人摆脱日常事务，企业的战略发展、资源整合、总体管控等将无法提上日程，走上正轨。当所有人都埋头拉车无人抬头看路的时候，这个企业的行进方向将变得不清晰，随着时间推移，企业可能步入危险的沼泽地。同时，因为企业领导人的全盘操控，研产销平台的运营难以放开手脚，事事请示成为常态。通过上述分析，可知在职能体制下，处于战略管理、重点管控、资源协配地位的总公司的概念不是很清晰。而在阿米巴经营模式下，由于企业遵循"集中决策、分散运营"的理念，总公司的概念清晰明了，总公司与阿米巴的分工也比较清晰，总公司更有条件潜心于自身使命，这个条件是阿米巴经营模式创造的。

4. 职能制是一种专才培养体制，因此，很难孕育出复合型经营人才

显而易见，在职能制下，在销售、研发、生产体系产生专项人才将不成问题，但是，能够胜任各项工作的全才却难以寻觅。有什么环境就培养什么人才，没有复合型的体制历练，复合型人才难以产生。而在阿米巴经营模式下，来自阿米巴、职能部门等层面的复合型人才比较多见，尤其是企业下辖的阿米巴数量较多、规模较大，如果阿米巴的经营难度也较大时，企业英才将会涌现得更多。

通过以上分析，我们看到，在职能体制下，困扰企业管理者的根源在于这一体制不能为产品线扩展提供科学的容纳机制,从而因为产品负荷过重导致诸多问题出现。阿米巴恰恰能够包容产品线的横向并行增长,它是一种类联邦性质的体制。

在母子公司管理模式下,企业遇到的典型问题是管控不力、运作乏力。管控不力指规范的母子公司通常构建起相应的法人治理结构,并在日常管控中遵循相应规则,突出的特征体现在治理结构层级的形成,从而使母子公司董事会在经营管理上各司其职。然而,这种管理公司的方式往往因治理结构的不完善或运用不当导致管控失控,"一抓就死、一放就乱"的局面反复出现,甚至出现子公司反制企业总公司的局面。而且,子公司会以母子公司的管控应遵循治理规范为挡箭牌,抱怨母公司"干涉内政",令总公司处于尴尬境地。

运行乏力指某些企业总公司的管理层,面对子公司日常业务管理时,往往会集体被"架空",每天忙着宏观性、框架性、不痛不痒的事务,始终在业务核心外围打转。也就是说,母子公司的体制特征之一虽然表现为经营权的充分下放,但这并不是说下放后总公司就不再进行运作层面的管理,恰恰因为权力的大幅下沉,才更应加强管控力度。运作乏力实质上是治理结构不完善或僵化执行造成的。阿米巴经营模式基本不管企业对外采用了什么体制,只要确定是内部事务,就要按照阿米巴规则运营,从而能够按照总公司的意愿去设计、去管控。

二、 阿米巴经营模式创建条件分析

阿米巴经营模式具有不少优势,但也对企业提出了若干要求,企业是否采用阿米巴经营模式,需要深入调研和分析。

1. 考量企业的规模

小规模的企业能否采用阿米巴经营模式有待商榷。因为在通常认识层面上,阿米巴经营模式被看作是支持规模化企业持续发展的模式,其在管控上相对复杂,在管理成本上也需要相当的支出,而且要有足够的业务量搭载才能体现其价值。当然,小规模企业可以根据阿米巴经营模式的细分原理,采用简化的部门独立核算模式,以内部研产销业务切分、客户切分或项目组的形式对相应的工作进行针对性的管理，同时施行对应的激励机制，推动业务快速发展。这种形式相当于企业内的三级阿米巴或四级小微阿米巴（见图1-8）。

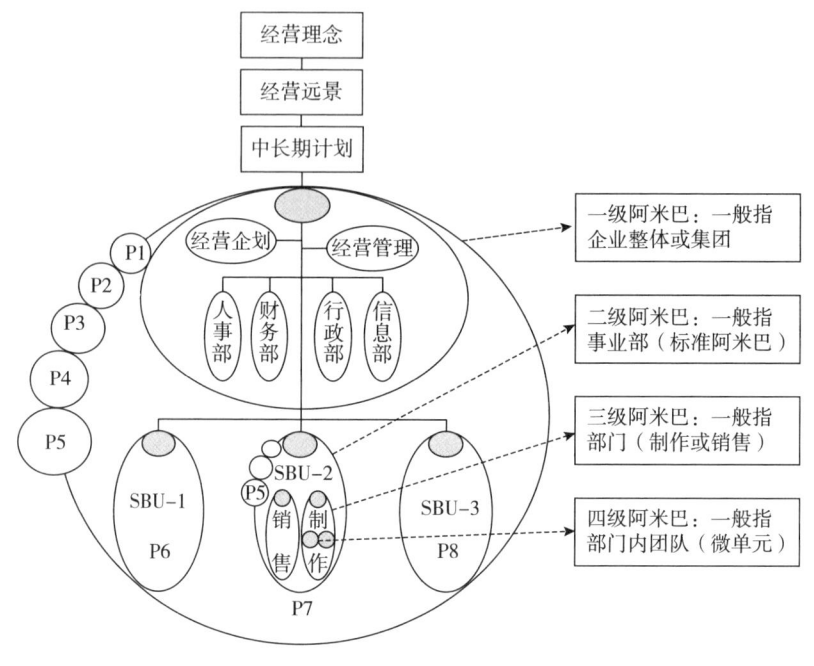

图1-8 企业各层级阿米巴示意图

对大中规模企业而言，由于规模化降低了企业运营效率，市场反应迟缓等，有必要对是否转向阿米巴经营模式进行讨论。阿米巴是一种可以按照业务特征化解规模，从而将大组织划分成若干个小经营单元的经营模式，其可以在保持整体规模的情况下，梳理内部业务，形成若干规模适中的战略经营单位，以便在整体规模与内在经营效率间取得平衡。

因此，当企业达到一定规模，尤其是出现了多产品、多区域经营的情况，无论这些产品线形成的业务是否为相关业务，都可能具备了向阿米巴经营模式转型的条件。一句话，阿米巴经营模式既能保持企业的规模优势，又能缓解或消除大企业病，其治病原理就在于划小经营单位。

2. 判断企业所处的发展阶段

下面，我们通过企业发展阶段分析阿米巴经营模式的应用情况（见图1-9）。

显然，创业初期的企业，因为规模小、产品单一、业务不复杂，阿米巴

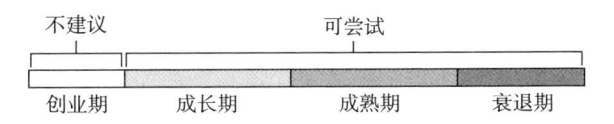

图1-9 企业发展阶段与阿米巴经营模式应用情况

经营模式派不上用场，此时，采用职能型体制是适合的。

当企业步入成长期，如果出现多产品、多地域、多类客户、多类业态经营，那么可以实行阿米巴经营模式，不仅可以加速企业的发展和规模化进程，还可以保持企业的整体活力。此时，实行阿米巴经营模式，目的是赋予各个经营单元自主权，激励其主观能动性，从而驱动企业更快速地发展。同时，由于业务和规模的扩展，企业的过于微观和直接的管控方式变得越来越不现实，这也会促使企业向阿米巴经营模式转型。

当企业处于成熟期，纯熟的业务模式达到较饱满的运行状态，企业整体收益令人欣喜，此时，企业最容易犯的毛病就是陶醉在巨大的成功之中，少了变革优化之心，不知道要为下一步抵御发展乏力提前做好准备。某些企业意识到不采取创新之举，企业可能步入衰退期，为此，企业积极寻找对策，阿米巴经营模式进入其视野，因为它是一种建立在过去成功基础上的变革性经营模式。

当企业进入衰退期，往往会患上大企业病，突出表现为：业务冲劲开始减少，组织运行效率开始降低，发展速度开始减缓。此时，划小经营单元是恢复企业活力、重振雄威的重要选择之一。阿米巴经营模式是解除衰退期较好的模式——分成若干经营单元的企业，将通过激励、约束政策，促使新建的经营单元固本求新，开辟各自的新道路，从而将企业带入一个全新的成长期，推动企业再上一个新台阶。

3. 分析企业是否具备经营单元分化的要素

构建阿米巴经营模式，就是要找到阿米巴的具体分化依据要素，只有抓住这条主线索，才能完成属于经营单元的业务切分，阿米巴作为战略事业单元和带有各自特性的业务载体才能得以形成。

（1）分析企业产品种类

通常情况下，典型的经营单元就是按照产品归类进行业务分化，从而形成产品、产品线或产品群阿米巴。因此，应该优先考虑企业按照产品属性分化的可能性。例如，家电企业可以按照冰箱、电视机、空调进行阿米巴划分；医疗器械公司可按照减肥器械、风湿理疗器械、心脏保健器械进行阿米巴划分；汽车集团可按照轿车、货车、特种车进行阿米巴划分。如果企业的产品可以按照属性进行划分，就具备了采用阿米巴经营模式的一个具体条件。

（2）分析企业客户群

如果企业更强调服务的针对性，那么分析客户群的特性，按照细分客户组建阿米巴，也是分化的一条重要思路。为此，要对企业客户群详细剖析。

客户划分的基本方法是按照行业和客户重要程度进行划分。首先，按照行业划分用户。按照行业划分指按照社会上的行业归类方法划分客户。例如，保险公司可将客户分为公务员、教育工作者、企业白领等，并针对不同类别打造服务体系，从而构建面向专门客户的阿米巴。其次，可按照客户的重要程度、收入水平等划分阿米巴，例如，银行可将客户分为超级大客户、大客户、中客户、小客户等，从而构建针对性强的阿米巴。

（3）分析企业经营区域范围与区域内的经营模式

如果企业经营覆盖地域较广，那么也可探讨构建服务于各地域客户的区域型阿米巴。例如，产品销往全国各地的饮料企业，可以在各省会城市组建区域阿米巴，管理一个省的研产销业务。这里要强调的是，区域划分要保证区域内具有足够的市场空间和消费潜力。前文提到的银行、保险等企业通常采用区域服务模式，其在区域业务管理上积累了丰富的经验；一些面向大众消费者的渠道型公司，如家电销售商采用区域型阿米巴；某些跨国公司一般采用区域型阿米巴经营模式。

（4）分析企业主要职能特征

如果企业具有一定规模，那么可分析其销售、生产、研发等主要职能是否应采用阿米巴经营模式进行管理。这样形成的阿米巴实质上是企业激励机制的落实形态。例如，企业可将其销售体系转化成销售阿米巴，从而形成利润中心的管理模式，同样，可将生产、研发都做成阿米巴。

当然，不仅针对研产销这类主流职能可以进行阿米巴经营模式的探讨，企业的系统集成、工程安装、物流配送、客户服务等职能的管理达到一定条件都可转型为阿米巴经营模式，从而达到降低成本、提高运营质量的目的。

第二章
阿米巴经营模式下的总公司与组织划分

阿米巴由总公司、战略事业单元（Strategy Business Unit，SBU）、战略发展单元（Strategy Development Unit，SDU）三类组织构成。SBU指的是已经成熟的事业单元，具备独自面对市场的能力；SDU指的是没有成熟的事业单元，也称为风险阶段的新事业。两者担负的责任是不一样的：SBU的使命是追求企业的短期利益，SDU的使命是追求企业长期的发展。

SBU就是公司的一种业务单元，可以是公司的一个事业部门，也可以是部门内的一条产品线、一个区域、一类客户或一个细分市场。一般情况下，SBU有三个特征：第一，它是一项独立收支业务或相关业务的集合体，在计划工作时能与公司其他业务分开而单独编制计划；第二，它有自己的竞争者；第三，它有明确的担当者，专门负责战略计划和经营计划，该部门控制了影响利润的绝大部分因素。

第一节
阿米巴总公司的机能和机构

总公司是阿米巴经营模式下最重要的组成部分,就像"打蛇要打七寸",总公司相当于蛇的"七寸"。因此,要采用阿米巴经营模式,首先要理解总公司机能(见图2-1)。

总公司机能 = 战略机能 + 管理机能 + 辅助服务机能

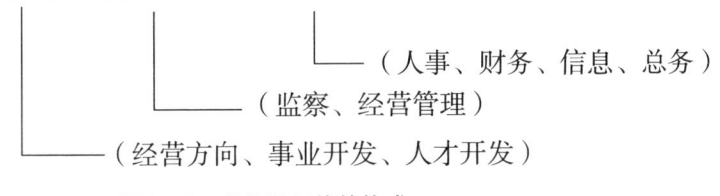

- 战略机能:(经营方向、事业开发、人才开发)
- 管理机能:(监察、经营管理)
- 辅助服务机能:(人事、财务、信息、总务)

图2-1 总公司机能的构成

一、阿米巴总公司的机能

总公司是企业三大机能即高度战略机能、经营管理机能、辅助服务机能的部门或者人的总称,同时包括合理高效实现这些机能的企业中枢机构,如图2-2所示。

二、阿米巴总公司的机构

图2-2展示了某家企业的总公司下面设有三个标准阿米巴(事业部),每个阿米巴都有研发、制作、销售部门,我们就用标准阿米巴(事业部)来研究总公司的机构。总公司要发挥高度战略机能和整体经营管理机能、整体辅助服务机能,为了发挥好这三大机能,就要建立相应的职能部门。下面将

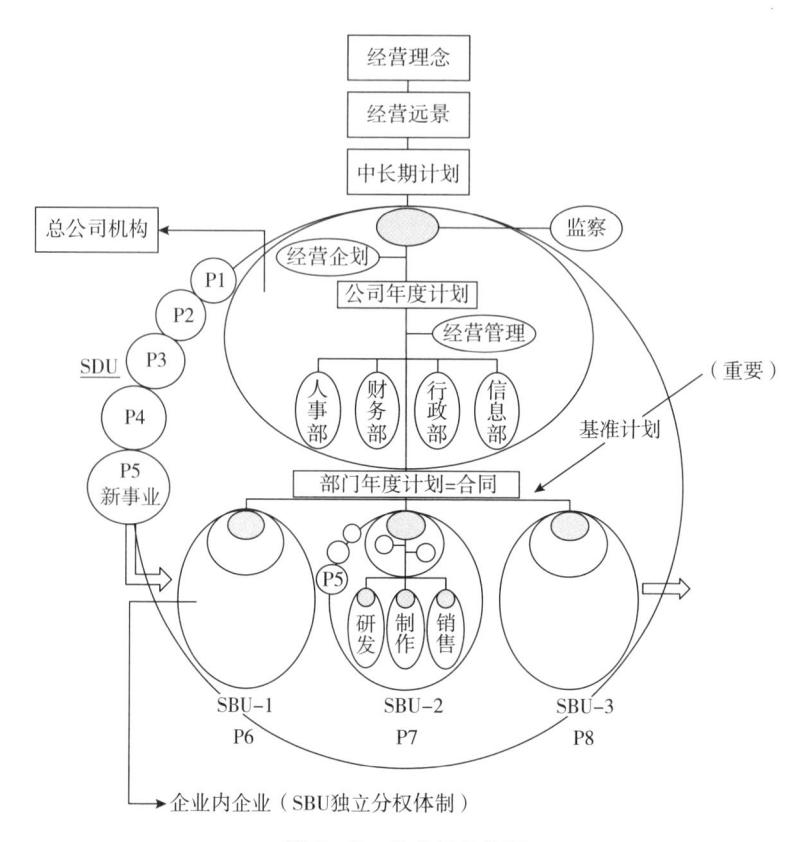

图 2-2 总公司机构图

对总公司的部门职能进行说明。

1. 经营企划部（战略管理部）

发挥高度战略机能的部门称为经营企划部，凡是涉及企业战略政策的工作，都由此部门协助总经理进行管理，具体工作内容如下所述：

- 制订公司整体发展战略方案与战略执行计划；
- 指导阿米巴制订发展方案与战略计划；
- 持续优化公司战略管理工作；
- 基础研究开发工作；
- 新产品、新项目孵化工作。

2. 经营管理部

发挥整体经营管理机能的部门称为经营管理部，负责协助总经理对整体组织、制度、人事进行全盘的综合管理，具体工作内容如下所述：
- 制订公司年度经营计划并分解到各阿米巴；
- 指导阿米巴制订年度经营计划；
- 组织审核、调整阿米巴年度、月度经营计划及执行情况；
- 组织与阿米巴签订经营责任状，制订阿米巴业绩激励及业绩评价标准；
- 监督公司及阿米巴年度经营计划的落实工作，并进行年度、月度评价；
- 定期召开业绩分析会议，提出整改方案并协助各阿米巴实施对策；
- 制订阿米巴内部市场交易规则；
- 日常协调阿米巴之间的业务冲突及内部市场交易活动，持续优化和完善公司经营管理体系。

3. 人事部、财务部、行政部、信息部

发挥整体辅助服务机能的部门有人事部、财务部、行政部、信息部。企业是基于统一的经营理念，将资金、人才、专有技术（Know-how）有机结合的活动实体，因此有必要基于资金、人才、专有技术这三个要素成立相应的部门去辅助总经理。从资金的角度辅助总经理的部门是财务部，从人才的角度辅助总经理的是人事部，从专有技术的角度去辅助总经理的部门是信息部，还有一个部门在国内叫作行政部，日本称其为总务部。

（1）人事部（人力资源部）

协助总经理解决企业与员工的内部关系问题，如员工的招聘、录用、培训、评价（薪酬、奖金）等。

人事部职能如下所述：
- 制订公司人力资源战略计划及人员配置计划、人力成本预算；
- 制订公司人力资源各项制度、流程、规范与标准；
- 建立并维护阿米巴的人力资源管理体系，大阿米巴可设人力资源部，小阿米巴可设人力资源专岗；
- 制订阿米巴岗位激励与薪酬政策；
- 明确阿米巴的各级人事权限、薪酬权限；
- 组织制订阿米巴的岗位职责（职务与职能）标准；
- 对阿米巴主要岗位进行胜任力评价与岗位绩效考核；

- 统管人事服务工作。

（2）财务部

- 制订公司财务管控制度；
- 建立公司财务预算制度及公司预算管理制度；
- 推进财务目标导向综合工作，督促阿米巴完成阶段性财务指标；
- 制订阿米巴资金使用等各项财务权限；
- 做好阿米巴的收支核算工作；
- 重点监控阿米巴的回款、应收款、存货等。

（3）行政部（总务部）

协助总经理解决企业、员工与外部关系的问题，如消防救援队、卫生健康委员会等。行政部强调每位员工都享有同等的权利，如公司所有员工都有的福利待遇"生日蛋糕、中秋月饼"。工会的职能很大程度上与行政部的职能是一样的。

（4）信息部

- 制订企业信息化管理制度和标准规范；
- 负责公司 IT 资产的管理和维护；
- 提供管理软件如 OA、ERP、CRM、阿米巴核算软件等硬件接口及技术支持；
- 组织公司进行计算机相关设备的维护、添置、验收、测试；
- 负责开展信息化建设方面的培训、发布、宣传等工作。

4. 监察部

监察机能是整体经营管理机能的重要组成部分，监察部在组织架构图上的位置与总经理是平行的，因此监察对象是包含总经理在内的所有员工。监察部的职能有三项：第一项是财务监察，监察包含总经理在内的所有员工是否严格遵守财务管理制度，如费用是否超标、是否滥用职权等；第二项是业务监察，监察包含总经理在内的所有员工是否按照业务管理制度、作业标准等展开工作；第三项是理念监察（社会责任监察），监察包含总经理在内的所有员工是否按照理念展开工作。

除了上述这些基本职能管理部门外，总公司的其他部门，如基础研究开发部、产品（项目）开发部、市场开发部、资金开发部、广告部门等，凡是涉及一年以上的战略政策的，统一由经营企划部进行管理。

三、总公司机能的进化与企业发展

如果把企业比喻为人，总公司就相当于人的大脑。对人来说，没有大脑的进化，就没有人的成长。对企业来说，没有总公司机能的进化，就没有企业的发展。总公司机能的进化与企业发展的关系如表2-1所示。

表2-1 总公司机能的进化与企业发展的关系

组织级别	总公司名称	总公司机能水准	企业规模
第4级组织	集团本部总公司	理念（超战略）	超大、大型规模
第3级组织	事业统括本部总公司	战略	大、中型规模
第2级组织	事业本部总公司	战术	中、小型规模
第1级组织	初始总公司	战斗	小、微型规模

超战略指超越现有企业的框架的战略，如企业间的合作、并购等，要成功实施超战略，必须要靠理念的共通。企业要发展、扩大规模，首先总公司机能的水准要提高。如果企业规模已经达到了大、中型，但是总经理以及总公司机能水准依然停留在战斗水准，总经理就会极为辛苦，每天都有接不完的电话、解决不完的"战斗"课题，最后企业规模可能会收缩到战斗水准能够支撑的状态。因此，没有总公司机能的进化，就没有企业的发展，也就没有企业规模的扩大。

对企业来说，为了实现总公司的理念和远景，总经理就必须要比总公司三大机能的责任者清楚公司需要怎样的责任者，对于理念和远景的实现就要比任何人都坚定。

总经理必须具有培养分身人才的能力。分身人才指在价值观、思维方式、行动方式上与总经理共通的人才。

四、 总经理在阿米巴组织图中的职责

总经理的职责是负责企业整体的运营（战略政策的制订和实施），洞察外部环境的变化，如跨界交流、国外考察、思考未来3年行业会发生怎样的变化。就像马云在20世纪90年代预估了互联网的发展，任正非去德国考察之后写了《华为的冬天》一文，指出企业要居安思危，向死而生。总体来说，总经理的职责有三项：

第一项是制订和实施企业1年以上的计划，如确定未来3—5年的销售额目标、利润目标，制订应对风险的对策。

第二项是选择品牌定位，编制顾客战略、业态战略和商品力战略等，并对所选择的要点集中投入资源。

第三项是对整体体制（组织×制度×人事）的构筑与活用。

如果总经理从部门长甚至是团队长的角度思考工作，会出现两种情况。第一种情况是部门长要么变成听话的人，要么选择离开，因为总经理代替部门长进行决策，部门长会缺失成就感，更重要的是会缺失对组织的责任意识，因此，越是优秀的人越会选择离开。第二种情况是部门长人才缺失，迫使总经理被动参与战术制订（部门长的工作），部门长被动参与战斗（团队长的工作），又会造成团队长人才的缺失，从而形成恶性循环。总经理变得越来越忙，人才越来越少。由于战术、战斗的工作能够在短时间内产生效果，总经理会很有成就感，因为有成就感，所以沉迷其中，缺失洞察外部环境的意识，从而造成战略缺失，影响企业的长期发展。因此，从总经理开始，每个人都要做好自己的本职工作。

五、 总公司经营管理部部长的职责、定位及胜任条件

如果把企业比喻为军队，总公司经营管理部部长就相当于司令员的参谋。

1. 总公司经营管理部部长的职责

总公司经营管理部部长的使命是建立经营管理会计体系，利用会计的手

法，以计数的手段进行经营管理，并使之制度化。以此为基础，通过计数对经营进行计划，对计划进行调整和实施，在把握成果的基础上进行分析和评价并做出决策。具体说来，总公司经营管理部部长承担如下职责：

- 企划和制订经营管理会计制度，根据企业及经营的变化活用本制度；
- 组织各部门制订年度计划、项目计划，并指导其将计划分解到12个月；
- 编制全公司、各部门或项目的月度决策资料，并通过计划与实际的差异分析提出解决课题的对策；
- 组织召开业绩管理会议，使各部门责任者理解对策的内容，并对对策的实施提出建议；
- 当对策未能付诸实践时，亲自参与该部门的经营活动，辅助该部门责任者开展工作；
- 组织对各部门工作执行情况开展考评。

完成了上述职责，才能够促进年度计划、项目计划的既定目标的实现。编制年度计划或月度决算报表这些单纯的资料是其当然的职责。因此，总公司经营管理部部长的工作对象不是部门也不是人，而是总公司管理的所有组织（包括阿米巴、分公司）的经营活动。换句话说，总公司经营管理部部长管理的不单纯是结果，更是过程。总公司经营管理部部长的工作目标是管理和实现年度经营计划和年度利益计划，使企业整体和各阿米巴的责任者，实现所期待的年度经营计划和年度利益计划。如果外地的分公司、店铺没有建立经营管理部，年度经营计划和利益计划没有实现，总公司需要负责任。

为了实现上述使命与职责，总公司经营管理部部长必须做好四项工作。

第一项工作是在整体企业中建立经营管理的点线组织（见图2-3）。为了更好地管理企业，总公司设立经营管理部，阿米巴有事业管理，营销有营销管理。"经营管理部—事业管理—营销管理"就是点线组织，点线组织不是上下级关系，而是专业型指导关系。这是总公司经营管理部部长四项工作中最重要的工作，这一项工作没有做好，经营管理会计体系就构建不起来。

第二项工作是在整体企业中建立经营管理会计体系。

第三项工作是组织制订和实施企业整体的年度利益计划。

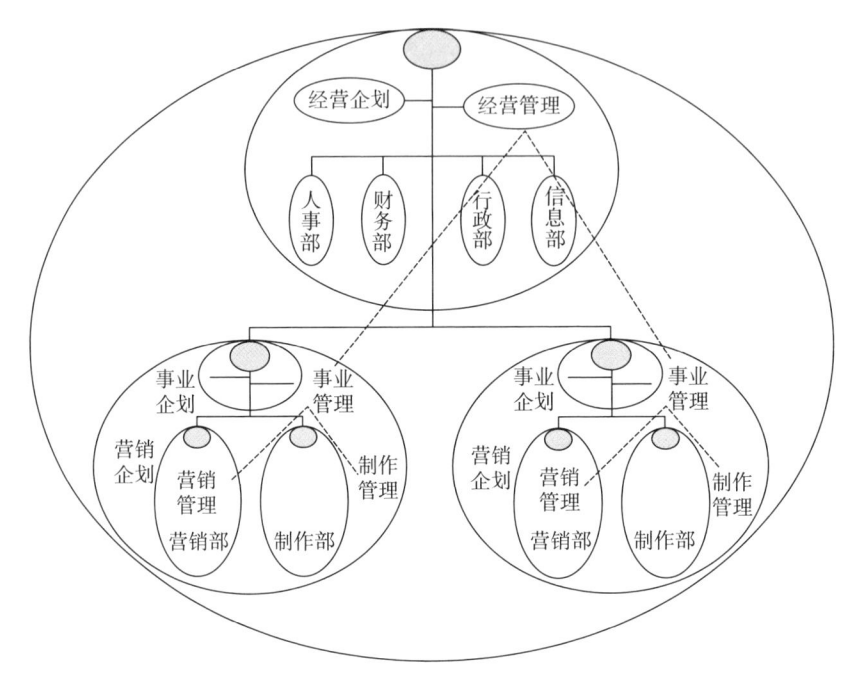

图 2-3　点线组织图

第四项工作是主持并召开月度业绩管理会议。

2. 经营管理部部长在组织中的定位

经营管理部部长在理解上述各项职责的时候，要明确自身的立场——"以计数为手段，担负起整个经营管理的重任，并作为总经理及各直线部门责任者的参谋，为既定目标的实现献策"，所以考虑其组织中的定位时，必须满足下列条件：

- 是总经理完成年度经营计划和利益计划的参谋；
- 通过计数，对总经理的决策进行企划、设计、计划，并使之成为具体的实施方案；
- 对总经理与部门责任者的决策、运营、实绩做出分析和评价，通过计数提出适当的建议并发挥桥梁作用，如总经理和部门长就计划、决策、运营、评价等发生争论，总公司经营管理部部长要发挥桥梁作用。

经营管理部部长在组织中充当总公司机构的经营管理机能的中枢。

3. 经营管理部部长的胜任条件

分析企业中某位责任者的能力条件时，必须从实务能力、行动能力、理念和方针等角度分析，现结合经营管理部部长的职责和定位说明其应具备的能力。

（1）实务能力

实务能力由基本能力、实践见识和经验组成。

①基本能力是精通经营计数，能够通过计数（数字）判断企业经营问题的能力。比如，某店铺的销售额减少了50%，总公司经营管理部部长通过销售额的结构（数字）就能够看出问题所在，对经营课题发生的原因彻底追究，然后制订对策，即按照"现象—课题—本质—对策"的流程开展工作。经营管理部部长不仅要具有分析能力、判断能力和制订对策的能力，还要有说服能力。优秀的经营管理部部长不仅能把对策做出来，还能说服阿米巴长们、部门长们接受对策，说服能力比对策制订能力更加重要。

②实践见识指能够理解财务会计的体系，精通经营分析，具有经营管理会计的基础、运用和实践的能力。独立分权体制的本质是追求"成果主义×能力主义"，对经营管理部部长来说，追求能力主义比成果主义更加重要，没有良好的过程就不可能有良好的结果。因此，经营管理部部长会牢牢把握过程中员工能力的提高，假如要获取销售额，就要完成"收集资料—客户分析—电话联系—上门拜访—提供方案—成交合作"六个步骤，做完这六步结果自然就出来。经营管理部部长关注成果（销售额），但更要关注这六个步骤是否做到位，只有步骤做到位，相应的能力才能建立起来，预想的成果才可能获得。如果没有过程能力的提高，即使目标实现了，也只是偶然，经营管理部部长要在公司宣传这种理念。

③经验指经营管理部部长能够了解每一个部门的经营实态，如总经理问某分公司上个月的业绩，经营管理部部长能脱口而出销售额、顾客数量、客单价，跟上个月相比的变化等信息；了解每个部门的业务流程和各部门的实际业务，如各部门如何开展工作，哪里可以做得更好，哪里需要调整等。经营管理部部长既懂营销的具体业务，也懂生产的管理业务，还懂人力资源招聘的业务流程等。

（2）行动能力（管理能力）

站在军队司令员总参谋的立场发挥统率力（统率力指能统一部门成员的思想认识、率领成员克服困难实现目标的能力），即具备召集和主持经营管理会议的能力，在规定的时间内，通过会议解决相应课题，取得相应的效果。同时，针对部门的经营课题，给部门责任者提出具体的对策建议。比如，某家分公司业绩下滑了30%，经营管理部部长能够针对分公司的问题，给分公司总经理提出对策建议，积极协助分公司总经理解决问题。

（3）理念和方针

经营管理部部长忠诚的对象不是总经理，而是公司的理念和方针，如果总经理违反了经营理念和经营方针，他要从理念和方针的角度提出建议，能够站在经营总经理的立场总揽全局。

综上所述，经营管理部部长能力不突出，对企业、对总经理而言，都是一种不幸。因此，必须要培养经营管理部部长。对企业来说，真正的经营管理部部长不是最优秀的，而是最合适的；最合适的经营管理部部长是找不到的，而是培养出来的，培养这样的人才是企业最重要的人才战略之一。

第二节
阿米巴组织划分与内部交易

一、 组织设计的策略

1. 组织设计前的梳理

针对阿米巴经营模式的导入和落实，虽然各家企业所处行业不同，基础条件不同，但均需解决两个关键问题。

（1）决策层对阿米巴经营模式本质的认识与变革决心

对阿米巴经营模式的深入认识是统一决策层变革意志的基础。从实际情况看，决策层对阿米巴经营模式的认识水平参差不齐，甚至意见相左。常见误解或担忧包括：认为阿米巴就是搞承包，就是重新划分部门，换汤不换药；研产销直线职能制已执行多年，本身没有太大毛病，而且企业轻车熟路；企业问题由来已久，不是实行阿米巴就能解决的；对加大阿米巴激励有意见，认为能不能干好还是个未知数；等等。

阿米巴经营模式对一些企业来说还是新鲜事物，所以决策层对此产生分歧太正常了。况且对企业下一步发展，尤其涉及组织模式的演进，即使是决策层，某些成员可能也不清楚、不专业。但需要思考的是，随着企业的壮大和业务的多元化，多年修修补补的体制是否仍然适用？是否已成为企业发展的阻碍？用不用改变？阿米巴经营模式是不是企业的第一选择？对战略层面的问题必须给予清晰坚决的回答。一旦拍板，从高管层开始，就要坚定不移地执行，要把组织转型决策结果及执行当作纪律来要求。这样的硬性要求对推动经营模式的变革十分重要。

（2）战略澄清与业务重组

落实阿米巴经营模式的第一步并非组织架构设计，而是企业战略澄清和业务梳理。检讨公司战略，对其进行调整与完善，形成新版战略计划；根据最新战略计划，对企业多元业务进行用户群、业务属性的分析；同时，对竞争力、成长性、营利性、多业务资源保障性及组合优势反复讨论。最终，企业要依靠这些信息完成至少四项工作：

- 决定是否对现有业务做加减法——增强优势业务及明确新业务，同时，压缩、冻结甚至割舍劣势业务或不具备资源支撑的业务；
- 对主业与辅业做出定位，明确核心的事业；
- 对业务进行属性分类，至少分出归属一致性与协同紧密性两大类别；
- 开展业务模式主导思想再优化或再设计。

有了战略方向、业务布局和业务模式框架，才能为阿米巴组织设计指明方向。

2. 组织设计策略阐述

从一些企业实际情况看，一步到位地蜕变到阿米巴经营模式确实存在难度，此时应该怎么敲开改制大门呢？对管理者而言，关键是找到恰当的切入点，或通过合适的过渡模式走上渐变路线，能够使团队成员有个适应期，从而比较稳妥和顺畅地完成阿米巴经营模式的构建工作。

阿米巴转型策略强调的是一种组织渐变推进模式，它呈现的是一种以阿米巴经营模式为目标和方向，从"小变"到"大变"，从"局部微变"到"整体彻变"，或"局部尝试、整体观摩"的过程，它使体制变革得以逐步展开。

下面以阿米巴组织为例，阐述体制转型的策略性路线。

（1）阿米巴试点

当企业决定尝试产品型阿米巴后，可在若干拟划分的产品线中找出一条具有代表性的产品线，委任管理团队先期试点创建出企业的第一个阿米巴，对其实施独立核算管理，而对其他产品线仍实行原有的研产销直线职能管理，待认定阿米巴试点成功后，可在企业内推广（见图2-4）。

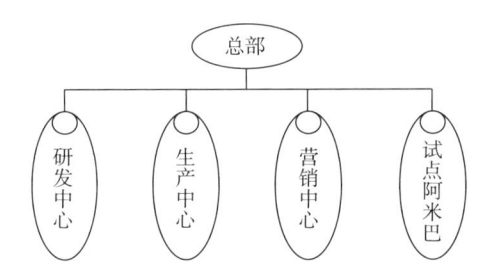

图2-4 阿米巴试点企业组织结构

实施试点路线，企业需要较好地把握如下要点。

①选择什么样的试点产品线。试点的意义绝对不在于"救火"，因此，不能够把最糟糕的产品线交给新团队去尝试运营，不要想通过起死回生的"奇迹"来证明阿米巴经营模式是多么的优越。要知道，实行阿米巴经营模式是战略性转型，确保试点成功，这一模式才能继续下去，否则，会挫伤企业团队信心，导致思想的涣散。一般而言，应选择业务规模中等，业务发展总体稳定，存有长期成长空间，并已经暴露出对顾客需求反应速度慢、新品开发效率低、员工工作积极性降低等问题的产品线。这样的产品线所构造出的阿米巴既有挑战性，又具有发展潜力，便于企业把握，因此比较适合先期试点。

②委派一个什么水准的阿米巴长。一定要将能力突出的巴长推到试点的

岗位上来，确保试点成功。这名巴长不仅要有胆识和魄力，而且管理手段要刚柔相济，善于对下对上沟通。缺乏胆识的人是不适合进行试点操盘的，因为，试点阿米巴肯定会有制度需要建立和完善，有管理课题需要探索，这种情况下，阿米巴长的凝聚力、领导力将起到关键作用。同样，过于鲁莽、一意孤行的人也不利于试点阿米巴的经营调整和管理修正，甚至可能会导致试点阿米巴的混乱和失败。

③试点阿米巴关键职能部门负责人如何选择。构建试点阿米巴，就要围绕所选择的产品线，进行研、产、销职能的整合，因此，研、产、销负责人，以及试点阿米巴关键职能部门负责人人选十分重要，那么，如何选择阿米巴关键职能部门的负责人呢？中心原则是"强调凝聚性，忽视监管性"。也就是说，要选派一批首先是阿米巴长认可的人，组建团结一致的阿米巴管理团队。所以，选人时企业可采用阿米巴长提名制，阿米巴长先提名人选，再由企业商议是否可用。另外，在上述主要原则基础上，要注意管理团队成员间的互补性，从而构建能力全面的团队。

④如何消除试点阿米巴对研、产、销职能管理者的影响。将一个产品线拿出来进行阿米巴试点，对其他产品以及研、产、销职能部门会有影响，员工会对下一步的企业体制走向有各种各样的议论和猜测。面对这种状况，企业应该做好三项工作：第一，试点前企业领导班子成员应统一思想，达成共识，并向员工公布企业的新体制走向；第二，现有未分化的产品线和研、产、销职能部门依然坚持原有业绩考核方式，确保其完成公司既定的各项经济、市场、技术、产品、管理等目标；第三，试点期间，企业可同步酝酿试点全面推开后的阿米巴构建方案，包括阿米巴长的遴选，但对这些应严格保密。

⑤试点成功后，确定是全面推行，还是一个一个剥离？试点成功后，企业马上面临一个课题，就是剩下的产品线经营是平行一次性构建出各自的阿米巴，还是走渐进的路线，一个一个地分化，直到全面实现新体制。如果企业先期试点经验总结较好，自身管控水平比较高且阿米巴长人选充足，那么一步转型到位为好。如果受各种条件所限，尤其是没有足够的、合适的阿米巴长人选，那么可以逐步剥离到位。

（2）研、产、销内部细分对应制

在保持现有研、产、销三大块职能组织平台不变的情况下，将研发、生产、销售体系按照产品线进行内部细分。即，围绕产品线在研发部门内部细分出相应的产品研发部门，该细分部门只对该具体产品的研发负责；在销售和生产体系也做这样的处理——围绕同样的产品线进行细分（见图2-5）。

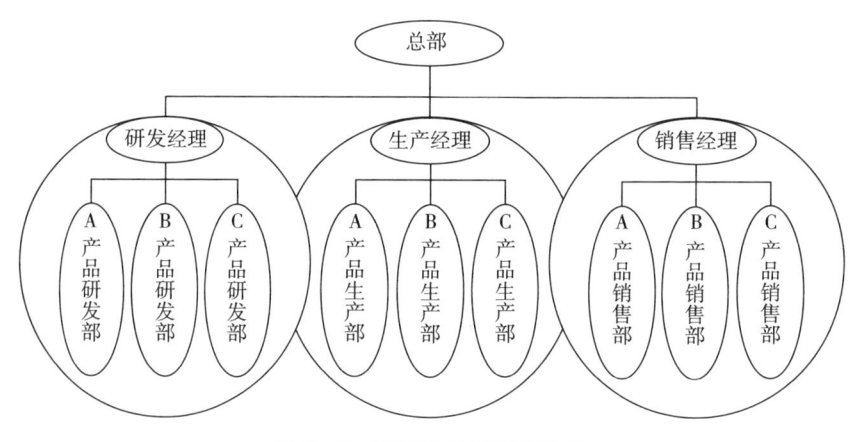

图2-5 职能细分制组织结构

当细分组织构建完成后，对应产品的细分机构就构成了跨部门的协作关系。毫无疑问，这会增加一定的管理成本，但好处是围绕每个产品线的横向对应点和协作过程脉络清晰，而且围绕产品的日常经营活动下沉和权限下移，可以实现更直接的运营互动。

需要充分认识到，细分对应制的实质是阿米巴转型过程中的一个过渡模式，最大意义在于能够尝试性地进行产品线划分和对应职能互动演练，并在此过程中寻找巴长人选（将巴长候选人放到相应产品线横向协调岗位上锻炼），也使新体制到位变得顺理成章，这一模式的潜移默化效果比较突出。

当细分对应制运行一段时间后，按照产品线进行研、产、销细分职能的归集和整合，构建出若干阿米巴就变得比较容易。

在这里，还要重点说明这种细分对应制的两种深化模式。

第一种，为进一步下放经营权限，同时，也向新体制方向迈进一步，在细分对应制运行一段时间后，企业可以尝试取消研、产、销职能平台的直管负责人，而将围绕产品的细分机构从原来的平台中剥离出来，构建一个包含多个产品研发中心、多个产品销售中心的中心体制（见图2-6）。

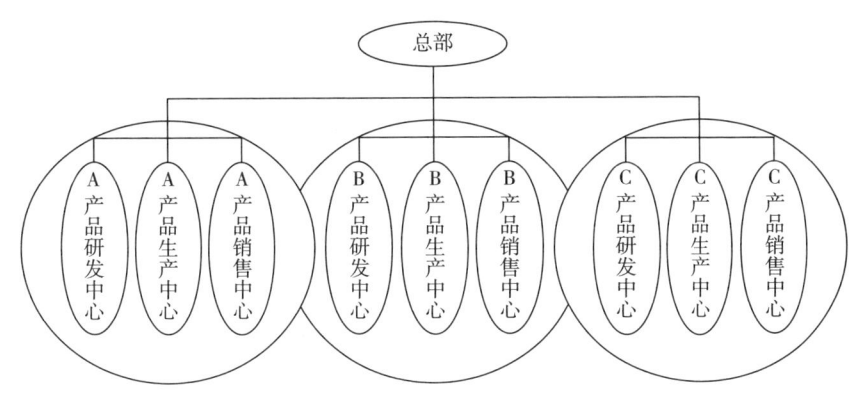

图2-6 中心互动制组织结构

第二种，为加强对产品职能中心的协调，企业可成立暂时与各中心并列的且对应的产品协调中心（或设产品经理），以便更好地对接各职能中心间的断层，及时处理有关横向矛盾（见图2-7）。将阿米巴长的人选放在产品协调中心的负责人岗位上充分锻炼，等时机成熟时，产品协调中心就从与中心的平行关系变为垂直管理关系，但此后，这个协调中心仍是企业的一个职能管理部门，直至其与产品中心充分整合，共同纳入一个利润中心的体制框架内，阿米巴的构建就算基本完成了。

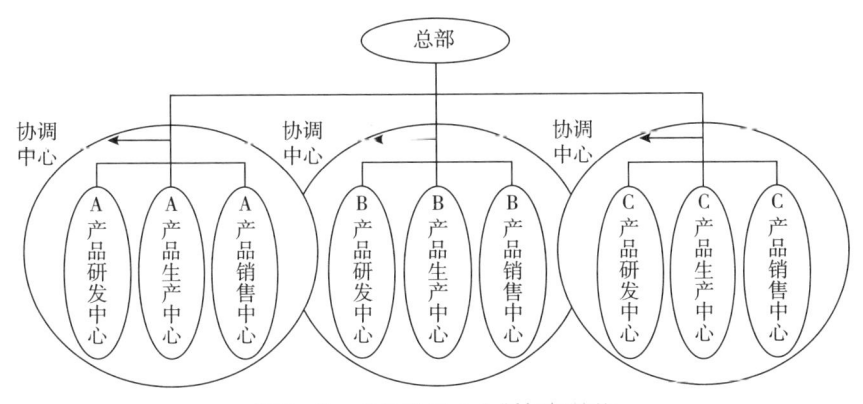

图2-7 产品协调中心制组织结构

（3）销售研发体系最先分化制

①销售体系最先分化。企业第一步可以将销售体系按照产品线（或客户）

进行细分，而保持研发、生产体系不动，这样就形成了多个产品营销中心对应统一的研发、生产平台的情况（见图2-8和图2-9）。在"多对一"的模式下，可以将产品营销中心做成虚拟利润中心，为下一步的阿米巴分化做好准备。也就是说，待时机成熟，将研发、生产体系按照产品线细分后，对应归入各个营销中心，从而构建出产品线阿米巴。

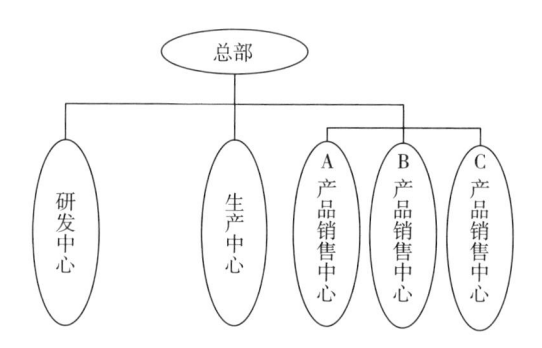

图2-8 销售体系按产品线最先分化的组织结构

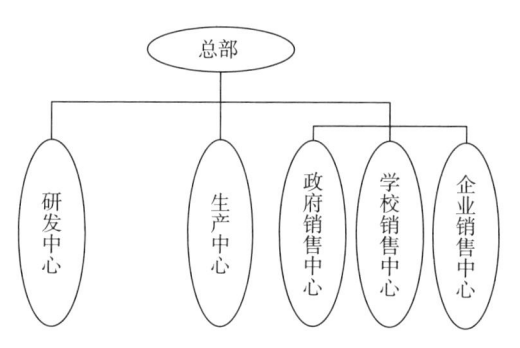

图2-9 销售体系按客户最先分化的组织结构

销售体系最先分化制的特点是：先构造出多个承担营销责任的利润中心，逐步吸纳研发、生产职能，从而转型为阿米巴。特别要说明的是，多个产品营销中心的使命是创造出多业务、多单位的企业体制，而且，这种最先分化形成后，营销中心将是公司各个产品线的统领机构，它的职能绝不单单是产品销售，还包括对研发、生产职能的协调。因此，实行这种体制，需要赋予产品营销中心一定的协调权限。从产品营销中心成立那一天起，就应该安排阿米巴长人选到产品营销中心工作，给他们提供充分锻炼的机会。

虽然销售体系分化制只是阿米巴转型的一个开端，但是为阿米巴的最终完善提供了一个值得尝试的路径。

②研发体系最先分化。企业从研发体系分化开始，围绕产品线或客户群形成多个产品研发中心，保持销售、生产体系不动，同样形成"多对一"的产品运营互动模式（见图2-10和图2-11）。产品研发中心可设定为利润中心，待时机成熟，吸纳细分的销售、生产职能，最终形成产品型或客户型阿米巴。

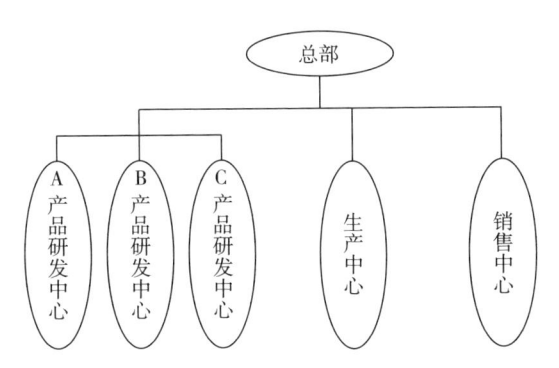

图2-10 研发体系按产品最先分化的组织结构

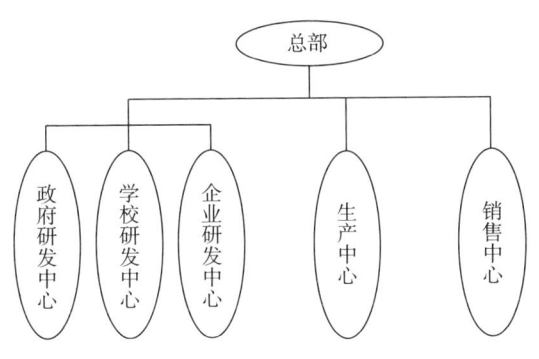

图2-11 研发体系按客户最先分化的组织结构

实行研发体系最先分化，研发中心就成为公司的产品运营主导机构，由其对相应产品线进行总体协调。在这种体制下，研发中心的使命已经不仅是传统意义上的技术研究、生产开发，还要在产品走向市场的全程管理中发挥协调作用。在这种情况下，围绕产品的多个研发中心就成为"产品营发中心"。

到现在，一个问题浮现了，既可以按照销售体系最先分化，也可以按照研发体系最先分化，那么企业依据什么做出选择呢？

企业可以考虑两点。第一，如果企业未来阿米巴长的人选主要来自当前销售体系，就实行销售体系最先分化制；如果来自研发体系，则实行研发体系最先分化制。只有完成"实行利润中心的分化"和"职能吸纳"两个步骤，才能使阿米巴长的成长顺理成章、水到渠成。第二，判断企业当前处于营销拉动阶段还是技术驱动阶段，根据判断优先分化处于主导地位的职能。

通常情况下，不采取生产体系最先分化制，因为企业很难通过生产体系完成围绕产品线的总体协调和产品经营职能。

二、组织划分的案例

1. 按照企业职能部门划分

某制造企业把采购部、制造部、销售部作为独立核算单位，各部门建立内部交易制度。采购部门采购原材料卖给制造部门，制造部门生产出成品后卖给销售部门，销售部门将商品出售给顾客，每个部门独立核算。

这样划分的好处在于，在采购部、制造部、销售部之间开展内部交易和独立核算，将外部市场的自由竞争引入企业内部，下一道工序的部门可对上一道工序的部门提出要求，模仿外部合作签订合同，明确产品价格、品质、交期、服务等，激励上一道工序的部门比外部的供应商更加努力。这样划分后，每个部门就是一个阿米巴（见图2-12和表2-2）。

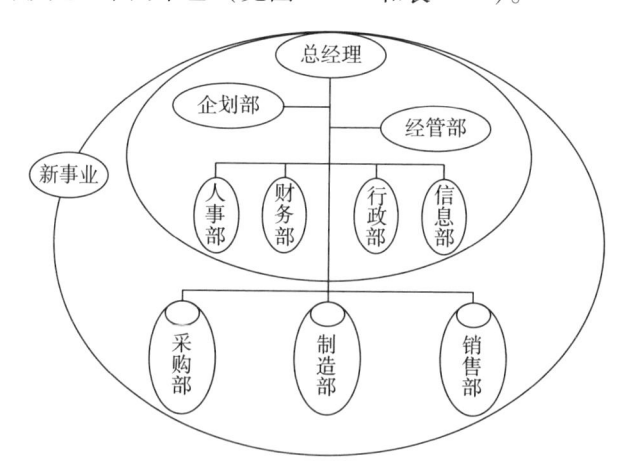

图2-12 按照企业职能部门划分组织

表2-2 按职能部门形成的计算体系

科目			职能部门				合计
			销售部门	制造部门	采购部门	总公司	
	销售额	1					
变动费	销售成本	2					
	其他变动费	3					
	计	4					
	边界利益	5					
固定费	人工费	6					
	设备费	7					
	其他经费	8					
	固定资金利息	9					
	计	10					
	贡献利益	11					

通过例子，我们可以看出，采购部、制造部、销售部都是独立核算单位。它们之间需要通过内部交易的方式，使每个部门都有各自的支出和收入，这才是一个完整的独立核算单位。

2. 按照企业的产品群（产品线）划分

不论是批发企业、零售企业还是制造商，由于扩大规模，都会拥有许多产品群。因此，以产品群为类别明确损益计算是极其重要的（见图2-13和表2-3）。

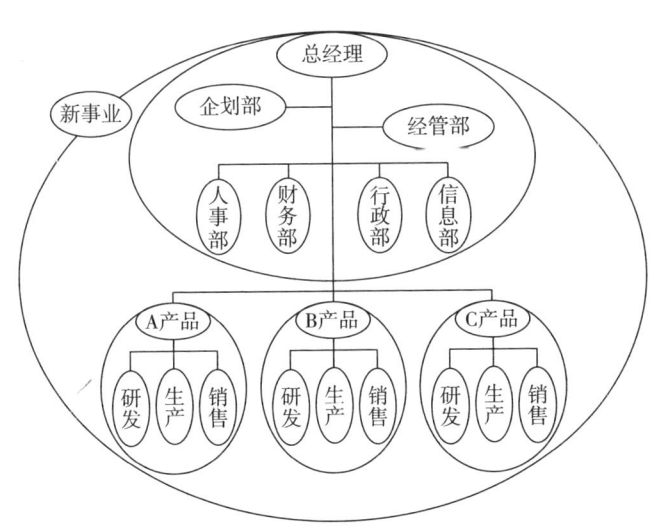

图2-13 按照企业的产品群（产品线）划分组织

表2-3 按产品类别形成的计算体系

科目		产品				合计
		A产品	B产品	C产品	其他	
销售额	1					
变动费	销售成本	2					
	其他变动费	3					
	计	4					
边界利益	5					
固定费	人工费	6					
	设备费	7					
	其他经费	8					
	固定资金利息	9					
	计	10					
贡献利益	11					

3. 按照客户群划分

某软件公司在政府市场做得非常出色，但在学校市场、医院市场没有起色，为此，该企业做了政府、学校、医院等客户群体的划分（见图2-14和表2-4）。

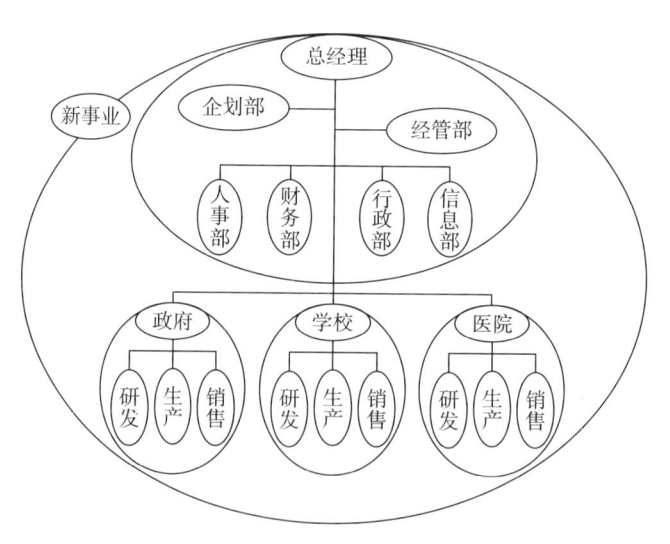

图2-14 按照客户群划分组织

毛利变纯利

表2-4 按客户类别形成的计算体系

科目			客户类别				合计
			政府	学校	医院	其他	
	销售额	1					
变动费	销售成本	2					
	其他变动费	3					
	计	4					
	边界利益	5					
固定费	人工费	6					
	设备费	7					
	其他经费	8					
	固定资金利息	9					
	计	10					
	贡献利益	11					

4. 按照品牌划分

某时装公司根据不同品牌定位划分了组织（见图2-15和表2-5）。

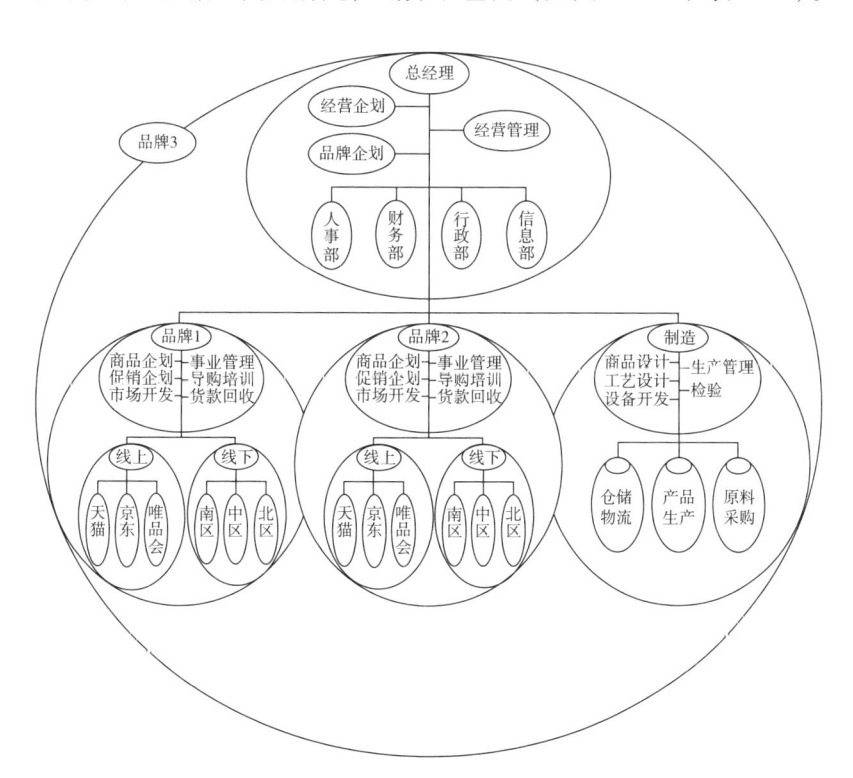

图2-15 按照品牌划分组织

第二章 阿米巴经营模式下的总公司与组织划分

表2-5 按品牌类别形成的计算体系

科目			品牌类别				合计
			品牌1	品牌2	制造	其他	
	销售额	1					
变动费	销售成本	2					
	其他变动费	3					
	计	4					
边界利益		5					
固定费	人工费	6					
	设备费	7					
	其他经费	8					
	固定资金利息	9					
	计	10					
贡献利益		11					

5. 细分计算对象的其他方法

一般情况下，采用上述四种划分方法。此外，企业可根据其他实际情况和管理目的，考虑并实施其他方法。

＜方法1＞

- 将营销部门按区域（见图2-16）进行细分，将细分部门作为计算对象，如按营业所类别设立计算单位（见表2-6），或按店铺类别设立计算单位等；

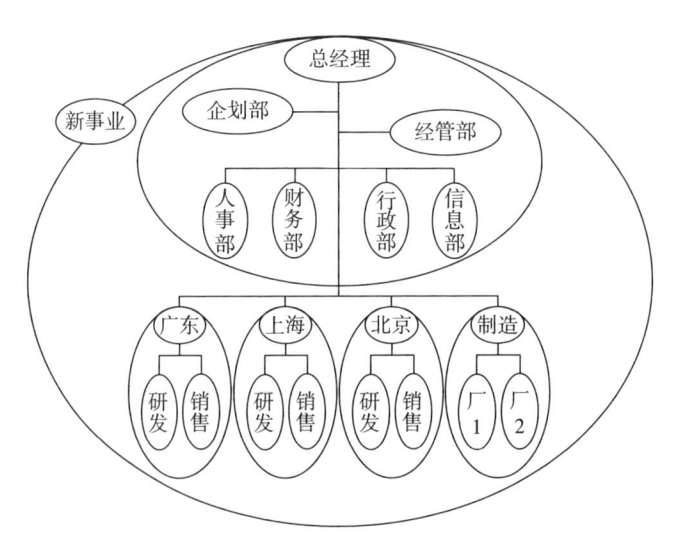

图2-16 营销部门按区域划分阿米巴

毛利变纯利

表 2-6 按营业所类别形成的计算体系

科目			区域				合计
			广东	上海	北京	其他	
	销售额	1					
变动费	销售成本	2					
	其他变动费	3					
	计	4					
	边界利益	5					
固定费	人工费	6					
	设备费	7					
	其他经费	8					
	固定资金利息	9					
	计	10					
	贡献利益	11					

- 按销售渠道类别细分营销部门，并将其作为计算对象，如按直销方法类别设立计算单位等；
- 按销售方法类别细分营销部门，并将其作为计算对象，如分为店铺销售和目录销售，或分为现金销售体制和分期付款销售体制等。

<方法2>

- 按工厂类别细分制造部门（见图2-17），并将其作为计算对象，如在大工厂（见表2-7）；

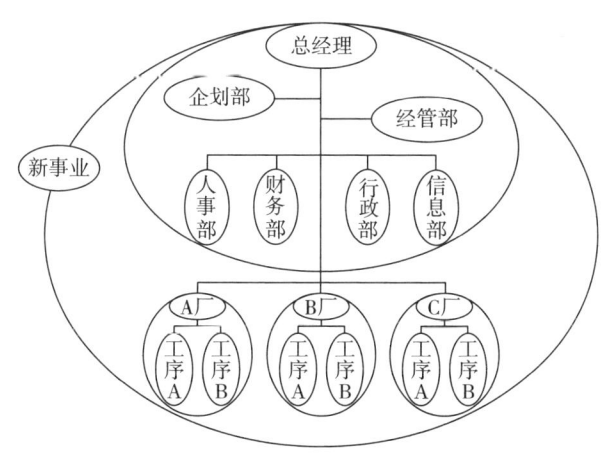

图 2-17 按工厂类别划分阿米巴

第二章 阿米巴经营模式下的总公司与组织划分

表2-7 以工厂为类别形成的计算体系

科目			工厂			合计
			A工厂	B工厂	C工厂	其他
销售额		1				
变动费	销售成本	2				
	其他变动费	3				
	计	4				
边界利益		5				
固定费	人工费	6				
	设备费	7				
	其他经费	8				
	固定资金利息	9				
	计	10				
贡献利益		11				

- 按机能类别细分制造部门，将加工机能与设备维护保养机能分离，分别计算，并将加工机能细分作为计算对象。

6. 与细分基本方法相关的注意事项

当统一的工作以协同作业的方式实施时，不可将其细分为独立的计算单位。例如，一家服装店铺的接待流程为"迎客—待客—推介—试穿—赞美—买单—送客"，这七道流程必须以团队协作的方式完成，密不可分，一旦分割，服务的品质就会出问题。

当前工程（部门）的工作对后工程（部门）的工作有重大影响时，不可将其细分为独立的计算单位。例如，在工厂，如果上一道工序的品质对下一道工序的品质产生重大影响时，不能按照工序类别细分。

辅助部门、管理部门可以作为独立的计算单位，但不可作为损益计算的对象（只是作为计划管理）。例如，经营企划部、经营管理部、辅助部门（如财务、人事、总务、信息等）三大类部门只有费用的支出，企业只对这些部门的费用进行管理，不对其收入进行计算，否则管理成本会越来越大。

组织细分没有标准答案，没有最好的，只有合适的。如何建立经营组织是阿米巴经营模式的开始，也是阿米巴经营模式的完成，是决定成败的关键。

三、内部交易机制建立

借鉴外部市场，阿米巴形成了内部市场，阿米巴之间既对立又统一，相互依存，相互制约，共处于一个统一体中。内部市场运行需要相应的规则和机制，否则无法维护内部交易秩序。其中，价格机制是重中之重，签订合作协议也很重要。

企业之所以能够构建起内部市场机制，主要是因为作为虚拟利润中心的多个阿米巴的存在，且阿米巴之间存在交易行为，同时，这种内部市场交易行为具有较外部市场成本更低、质量更优、效率更高以及提升企业整体竞争力的效果。因此，内部市场交易既是阿米巴自发的，一定程度上也是被企业鼓励的。为建立内部市场机制，企业需要建立一整套市场规划，以此维护内部市场秩序，使交易行为顺利并公平达成。内部市场机制的设计应把握好以下几个方面的工作。

1. 内部交易的产品或服务的定价

阿米巴之间进行交易的产品或服务必须定好出售价格，这是实现内部市场交易的关键。

（1）常规产品的定价

①未实行集中生产的情况，即不存在制造型阿米巴的情况。此时，产品线阿米巴之间购买产品，可视为代理行为，因此，可以参照代理价格政策定价——临时购买或签订代理协议长期合作，甚至一方成为另外一方的总代理，什么合作模式就对应什么样的代理价格。显然，作为供方的阿米巴应提供一系列的技术服务指导与支持，这样的服务伴随销售行为产生，或在产品之外另行计价，或服务价格包含在产品售价中，总之要在代理价格政策中界定清楚。

②存在集中生产的情况，即存在制造型阿米巴的情况。为完成产品的加工制造，产品线阿米巴首先与制造阿米巴之间发生一次内部交易，该价格可参照社会制造类企业的出厂价格确定。在制造阿米巴出厂价的基础上，作为供方的产品线阿米巴仍要参照社会代理价格进行内部市场的定价，从而将产

品卖给兄弟阿米巴（见图2-18）。显然，如果出厂价过高，则在一定程度上压缩了买方阿米巴的定价空间或利润空间，直至影响其价格的竞争力。

```
制造阿米巴 ──出厂价──> A产品线阿米巴 ──代理价──> B产品线阿米巴
```

图2-18 集中生产情况下常规产品定价

现实操作中，一些企业会采用成本加成定价法确定制造阿米巴所生产产品的出厂价。采用成本加成定价法需要解决三个方面的问题。

第一，准确核算成本。相当一部分企业由于管理基础差，做不到准确核算。主要原因是数据不准，或在部分费用的归集上遇到了困难。针对一个单件产品或者一个集成项目，说不准成本到底是多少的企业不在少数。

第二，成本加成要有参照。成本加成不是封闭存在的，成本加成后的价格与外部市场价格相比较，应在一个可接受的范围内。否则，应该通过锁定出厂价倒逼制造阿米巴降低成本。

第三，内部价要固定。这里的成本加成不是随实际成本变化随时浮动的价格，而是计算后需要固定的价格。只有这样，制造阿米巴才有动力合理压缩成本，否则，会产生支持成本增加的负向激励。

（2）常规服务的定价

常规服务的定价在这里特指提供后勤服务的阿米巴对产品线阿米巴输出的服务定价。服务定价中，有的价格标准相对明确，从而容易确定内部服务的价格；有的比较抽象，没有明确标准。例如，一张A4纸的复印费比较好确定，因为外部复印社价格标准较透明，但是诸如代办劳动保险等工作不是容易确定的。此时，企业可以制订相应的服务定价原则——存在社会公认标准的要遵循社会标准，标准模糊的则按照一定成本加价率进行定价（成本加成定价法）。成本加价要有理有据。在这一点上，产品线阿米巴就可以起到监督的作用。无故加大成本是不能被接受的，因管理问题导致的成本过高也是不能被接受的。加价率的确定可遵循此流程：服务阿米巴提供方案，阐述服务的价值，并据此制订适合的加价率，报请企业审批。当然，产品线阿米巴可以对此提出质疑，要求复审。成本和加价率的意见交换为内部服务价格的确定提供了协商的基础，如仍争执不下，可由企业进行价格仲裁。在这里，需要说明的一个细节是，供各阿米巴使用的房屋的租金，可以参照社会房租来定价。当然，为了降低新建阿米巴的成本，也可推行某些优惠政策，给予房租优惠甚至免租。

（3）分利模式的定价

阿米巴间分利模式实质是内部交易定价的一种形态。要知道，阿米巴之间的合作不仅是产品和后勤服务交易两种。例如，A阿米巴的大客户订单是在B阿米巴的大区机构协助下签订的，也就是说，B阿米巴并没有从A阿米巴购买产品后再出售给客户，而是在商务环节做出了贡献、体现了价值。此时，A阿米巴要评估B阿米巴的贡献，并为其分利。分利方式主要基于该订单实现的毛利或收入，以此为基数，计算提成。如A阿米巴承诺，将订单毛利的30%分给B阿米巴。当然，由于毛利的核算并不能做到完全透明，B阿米巴为了保障自身利益，也可以要求A阿米巴按照合同金额的一定比例（比例定价法）分利。如果A阿米巴与B阿米巴合作非常愉快，那么有可能达成长期合作，并将分利模式确定下来。

一般说来，在某些行业里分利标准是约定俗成的，计提多少比例行业内资深人士都会知晓。但是这样的标准还是不够细化，且合作情况比较复杂，对贡献大小并不能做到百分之百的准确评估，因此，双方还是要协商确定分利标准，并在长期合作中将这一标准稳定下来。

2. 内部协议管理

在内部市场当中，内部协议是内部市场交易的法制性约定与凭据。阿米巴要保护自己，避免自身在内部市场中蒙受损失或引起麻烦，就应该严肃、规范、细致地起草并签订相应协议。具体协议往往要基于总公司的若干类别的协议范本，因为内部协议是总公司对内部市场的职能部门的备案。这里的备案实质带有公正、审查性质，如果协议签订存有重大疏漏、模糊甚至违规条款，总公司将不予备案，此时，当事双方阿米巴要及时修改协议，交易也将被冻结，无法实现既定操作。例如，在作为供货方的A阿米巴与作为代理方的B阿米巴签订的代理协议中，A给B的代理价低于外部代理价50%，而B承诺的协议销售额并没有体现出很大的销售额贡献，对于这样的一份协议，总公司职能部门显然要提出质疑。再比如，融资协议中注明了此笔内部融资免息，但从货款额度、还款周期以及阿米巴的现实情况来看，不应该给予优惠免息，则相关阿米巴要做出解释。

阿米巴内部市场中使用的内部协议一般包括：临时性购销合同、区域或行业代理协议、区域或行业总代理协议、某条产品线总代理协议、临时性分利协议、服务协议、咨询协议、顾问协议等。一般来说，这些协议应参照外部市场通行的协议、合同来制订，并结合本企业有关政策与规则的要求进行改进。

对于没有签订内部协议而直接交易的行为，需要在结算时补办协议，否则结算中心无法实现款项的划拨。同时，由于这样的做法没有遵守内部市场交易规则，属于违规行为，影响了内部市场运行秩序，因此，企业对阿米巴及相关负责人要进行经济处罚。

内部协议的条款要保持一个逐步完善和优化的态势，该工作要由总公司管理部门坚持做好，只有这样，总公司才能对内部交易过程起到更严格的监管与约束的作用。

四、 总公司费用分摊

第一，阿米巴建立之初，如果需要公司政策扶持，总公司管理费用可以暂时不分摊下去，但要记得阿米巴的利润并未分摊总公司费用（例如，阿米巴的利润为正，但分摊了费用也许就为负数等情况），并以此为前提来高设阿米巴的经营指标，同时，利润要处于严密监控下。待核算水平提高后，分摊工作可以正常启动、落实。

第二，阿米巴往往都有这样的担心：总公司费用分摊多少不受控，如果费用高，会直接冲减阿米巴利润。实际上，总公司费用要控制在预算额度内，花超了不向阿米巴多分摊，花少了也不向阿米巴增利润，阿米巴只承担预算额度部分。总公司费用预算会带来两个好处：一是阿米巴不用担心超预算额度的费用；二是总公司要加强费用的管控，否则超出预算部分会直接冲减公司利润。

第三，阿米巴的奖金应在考虑了总公司分摊费用后进行预算，这样阿米巴就不必担心奖金会受到总公司分摊费用的影响。

第四，按照阿米巴组织铁三角模型，如果建立了产业服务阿米巴，那么总公司的部分费用会通过内部交易获取，这部分费用就不存在分摊的问题了。

第五，对于总公司其他待分摊费用，如果用类似于销售额、销售量、毛利额、利润额、固定费等占比口径来一刀切地大分摊，误差会较大，也不合理。因此，要对费用分类，然后逐项找出分摊标准，不同费用分摊标准可能不同，但是会相对合理和准确。

五、 组织划分后核算的集中管理

企业实行阿米巴经营模式，其集中核算主要包括两个方面内容。

1. 统一企业核算标准与流程

为支持公司经营管理会计汇总，确保公司基本经营管理会计运行有序以及体现对阿米巴经营成果评估的公平性，总公司需要统一全公司范围内的财务核算口径与标准，在充分体现阿米巴之间业务差异性的同时，尽最大努力做到求同。例如，横跨不同行业的阿米巴，在成本、费用核算，固定资产目录内容、折旧方法等方面可能存在差异。再比如，会计科目的设置是否存在一定差异，尤其在涉及销售额、费用、利润和特殊业务方面，而且在多级核算单元体系中，会计科目的设置是个关键细节，需要满足统一核算的要求。当然，对阿米巴经营管理会计核算流程也要予以规范，重要流程制度需要公司审批。

在核算上，使用信息化手段是个必然。在信息技术的支持下，企业可以顺利实现账表一体化的核算模式，即在企业整体账表中，各利润中心分别拥有自身的账表——这当然也是阿米巴的必然核算模式。在信息化技术的帮助下，这套系统运行得更具效率，企业的很多分析、管理意图可以快速实现。

2. 阿米巴内部二级核算体系的建立

为建立虚拟利润中心体制，企业可向阿米巴注入虚拟资本金，同时，明确阿米巴利润核算模式和过程，界定内部收入和内部采购行为，并根据阿米巴所在行业特性、所持业务的不同提供详细的计算方法。其中，对阿米巴间内部交易价格的提前确认十分重要，因为这是阿米巴内部核算的重要基础。总公司作为管理机构，需要计提管理费用及各项资源统筹等费用，如基础研发基金、全国性形象品牌维护费用等。这些费用的计提要遵循一定规则，其在阿米巴间的分摊比例也要体现出公平性。

阿米巴的利润核算不同于常规利润核算。首先，阿米巴是公司内部创建的利润中心，并非法律意义上的公司，因此，阿米巴的利润核算属于内部核算，不受法律规范约束，利润核算模式完全可以按照管理意图来设计。其次，要彻底明白企业实行阿米巴经营模式的意图，在于模拟公司化运营，强调最重要的经营成果——利润，并为企业下放权力及阿米巴自主操作与发展提供空间。

常规利润核算有明确的核算步骤和体系，阿米巴的利润核算为何不遵照既定模式，却要另辟蹊径呢？除了上面说到的内容外，主要是为了通过利润核算过程建立更直观、更有效的激励和约束机制，从而推动阿米巴良性发展。换言之，就是为了弥补常规财务核算的不足，而用更具引导和管控作用的经营管理会计核算体系取而代之。阿米巴的利润核算，独到之处包括至少以下四个方面。

（1）阿米巴的利润结果可以不等同于常规财务利润结果

利润＝收入－应归集的成本与费用，这是公认的利润公式。但在阿米巴经营模式下，作为经营单元的阿米巴，其利润核算则体现了一定的创新性和灵活性。

例如，对于产品线阿米巴与销售阿米巴分开的情况，该怎样核算前者的利润呢？通常想法是，产品线阿米巴利润＝按内部供货价核算的内部收入－应归集的成本与费用。可是，在现实中，核定内部供货价却是一个难点。原因有两点，一是外部市场价格信息难以收集，从而无法参照，二是供求双方阿米巴难以达成共识，甚至公司都无法快速做出公正判别。另外，如果客户端市场价格波动达到一定幅度，那么内部价是否要及时做出调整等，这些都是要考虑的问题。一句话，内部定价体系是一套繁杂的体系，并可能导致重重矛盾，带来较大内耗，甚至会因有失公允而挫伤某一方的积极性。

那么，有没有既能实现常规利润又相对简明的利润核算方式呢？是否可以绕开内部供货价，而以用市场价计算的收入的一定比例直接作为产品线阿米巴的收入呢？好处是收入信息非常明确，收入的计算特别简单。再有，市场压力会直接传递给产品线阿米巴。在成本费用不变的情况下，产品如果具有竞争优势，则价格会提高，阿米巴的利润就高；相反，则会压缩利润空间。或者虽然产品降价了，但产品线阿米巴压缩了成本，仍会保持较高利润。

显然，这样一种利润核算方式不同于内部价方式——当市场价格面临压力时，如果采用内部价计算收入，那么产品线阿米巴会竭力反对降低供货价，因为其面对的是平级的销售阿米巴，肯定会基于各种理由为自身利润辩护。而将用市场价计算的收入的一定比例确认为阿米巴收入的方式则不然，因为客户议价能力不可同日而语。面对客户的降价要求，阿米巴如果想要继续保持利润，要么把产品做出差异化优势，要么降低成本费用，而这样一种刺痛及快速反应，正是企业所希望的，也是阿米巴自身急需的。

同时，对于销售阿米巴，在利润核算上也可以做出有益的改变。通常情况下，其利润核算思路为：用市场价计算的收入－产品内部采购成本－销售阿米巴自身费用－其他分摊费用。不过，还有一种简单的计算方式：市场价计算的收入的一定比例－销售阿米巴自身费用及其他分摊费用。这样核算的好处是，销售阿米巴的利润不受内部供货价的影响，不必为产品线阿米巴的成本控制不利来买单，因为销售阿米巴确实无法参与其他阿米巴的降本工作。当然，确定这个收入的比例还是有难度的，可根据销售阿米巴和产品线阿米巴两个部门利润率相等倒推来确定各自收入的比例。

交易就是站在经营者的立场，对交易的立场进行设定，是以自己为核心参与市场竞争还是以顾客和市场为核心参与市场竞争。站在顾客的立场设定交易价格为拉动式，即比率定价。站在供给方的立场设定交易价格为推动式，即成本加成。在增量市场用成本加成法是可行的，但在存量市场用比率定价法比较适合，因为竞争激烈，所以顾客说了算。

（2）阿米巴收入项的设计

现举例详细说明。

①针对阿米巴是按产品线划分，而且为研产销一条龙的情况——这是最贴近公司制的阿米巴类型，利润核算也最接近公司利润核算方式。不过即使如此，也可以将利润公式中的收入换成到账回款。这样一种改变，目的在于强化阿米巴的回款意识，减少欠款积压，保障现金水平。当然，这么做是要具备前提条件的，如阿米巴的资金必须与利润挂钩，收入也要具有关键考核指标。由此可见，阿米巴利润核算的机制性作用特别突出，一定要加以利用。

②鼓励相关业务发展。如公司特别希望阿米巴能在某类细分市场、某类客户群加大开发力度，或者特别强调新品、特定品类的销售，则可为这类业务取得的收入加乘一个大于 1 的系数，从而让这样的收入更超值，加大对利润的影响。

（3）阿米巴的成本费用项的设计

由于成本费用项目较多、性质不同，因此，要分门别类地设计有关机制，要点是搞清企业的管控意图，即"要控制什么"，以及"要放开什么"。

①关于需要控制的成本费用。质量成本：对于质量成本，要给阿米巴施加压力，严加控制，从而促使其尽快改善产品与服务的品质，为此，可将质量成本放大计入，甚至按时间逐步加大倍数。新员工超限流动成本：为避免阿米巴随意招人或者新人没人理、无人带的情况，要对新员工流动率做出规定，从超出流动率指标部分开始，将在一定范围内，按照相关标准取费计入阿米巴成本。超时应收款：按照合同约定，对未及时到账的应收款，可采用计息的方式计入成本。当然，还有一些重要项，如直接材料成本、呆滞物料等，均可采用类似方式予以管控。

②关于需要放开的成本费用。计划外的合理研发、改造费用：可采用多年分析的方式予以计入，否则，会对阿米巴利润冲击过大，最终可能因生产负向激励，导致阿米巴不愿就计划外项目进行立项，即使这个项目非常值得去做。人力成本：在可控范围内，对需要结构性调整、引入高端人才的阿米巴，可将这部分人力成本按照一定比例缩减后计入成本，鼓励团队提升能力，提高工作效率。历史性负担性费用不计入成本，从而扶持阿米巴尽快走上正轨。

第三节
阿米巴组织授权

除了财务审批权、人员任免权、领导因出差临时授权之外，一些公司没有认真研究和界定授权。在日常工作中，员工也会经常抱怨"公司权限不清"，但很多时候，这样的反馈未被企业重视，可能是企业忽略了，当然，更可能的是企业不知如何科学、合理、清晰地授权。如今，面对企业体制转型，权限的划分不可以再被无视了。

一、组织授权原则

授权是个大概念，凡是权限的赋予都可以称作授权。分权是授权的一种常态，是一种更稳定、更彻底的授权。"下放权力"的本质还是一种授权。很明显，授权不是一成不变的，可以随时加大授权或收回一部分权限。

阿米巴所拥有的权限还是"被授予"性质的吗？相对独立经营的阿米巴应该拥有自己的固定权限吗？实质上，阿米巴拥有必然的权限底线——这个权限底线是阿米巴属性的重要支撑，低于底线的阿米巴权限只能宣告阿米巴名存实亡。例如，对阿米巴实行直线职能制的严格管控，事事请示、事事汇报，涉及业务的指令也要由上级做出，这样的阿米巴就不拥有足够的权限，也无法发挥阿米巴的功能和价值。不过，拥有底线的阿米巴权限仍然是一种授权，因为，底线权限仍然有可能被收回，以满足特殊时期或特殊状况下的阿米巴管控需要。可见，按照内部规定，对阿米巴的授权伸缩性很大，这也是阿米巴存在较大自由度和管控弹性的原因。

企业对阿米巴的授权通常遵循如下原则。

1. **紧扣分权大原则**

说一千，道一万，阿米巴必须取得一定权限，尤其是具体业务规划与处理相对完整也相对独立的权限，只有这样，才能符合企业"集中决策、分散运营""上统政策，下统业务"的特征。因此，与业务密切相关的权限，总公司想管也因远离市场无法管好的权限，都应下放给阿米巴。也就是说，站在总公司的角度，除了必要的决策权、经营管理权、监督权外，其他能授予的权限一定要授予出去。其实，授权的出发点很明晰，就是要有助于阿米巴按照界定的方向、模式、规范快速发展，因此应该给予的权力不要保留。

2. **年度经营计划管控框架下授权**

对阿米巴的授权，与对阿米巴采取的管理模式密切相关。如采用基于年度经营计划管理方式，除战略决策权外，总公司应该把业务相关运营权限下放给各阿米巴，但总公司要特别注重对经营目标、经营计划、资源配置、预算规划、执行工作等进行过程的管控。

3. **企业总公司应掌握的控制权底线**

不论企业内外部环境怎样，一般来说，企业总公司有几项权力必须牢牢抓在手中，这是确保阿米巴稳健经营的重要保障，也是阿米巴分权但不失控的重要保障。

（1）阿米巴发展战略管理权不能放

发展战略决定阿米巴的发展方向与发展模式，其必须在整体发展框架之下进行规划，游离出企业整体发展战略范围的阿米巴战略是不能被接受的。也许，其对阿米巴的确是一个富有价值的发展战略，但对企业整体而言，更可能是一个破坏价值的战略，因此，不能做出这样的战略选择或设计。换言之，如果发展战略审批权下放给阿米巴，必然导致离散性的产业经营局面，企业整体的发展战略也就不复存在，阿米巴一体化的优势也就变为劣势。

总公司对阿米巴发展战略的控制权，主要体现在对阿米巴发展战略制订遵循的模式的要求、战略方案的审批以及阿米巴年度经营计划与预算对战略承接的准确度与力度等方面。

（2）阿米巴的组织结构调整权不能放

阿米巴组织结构是战略落实与日常运营的组织支撑平台，同时，连接着总公司对阿米巴的职能管理活动。组织结构的调整并非减少一个部门、增加一个部门那么简单，而是反映阿米巴经营或管理思路的变化，因此，组织结构属于战略级的管理对象，总公司对其控制权不能下放。换言之，如果阿米巴可对自身组织结构进行任意调整，那么将给阿米巴的经营带来一定风险，同时，不利于总公司对阿米巴的职能管控。

（3）阿米巴经营计划与预算审批权不能放

经营计划与预算是阿米巴发展战略执行与当年目标完成的核心保障，可以说，如果阿米巴没有严格履行一份相对完备的经营计划，那么总公司就不会信服阿米巴的战略与效益承诺。因此，年度经营计划与预算执行过程、阶段性结果是透视阿米巴发展质量与目标接近程度的重要依据。所以，阿米巴经营计划与预算审批权不能完全下放给阿米巴，甚至连月度计划与预算审批权都不能下放。

（4）阿米巴重要岗位任免权不能放

阿米巴长的任免权不能下放，这是自然的。那么阿米巴副巴长等重要岗位任免权能不能下放呢？答案是不能。这么做无非是要建立一个相互制约和稳健决策的机制，打破阿米巴长在阿米巴层面一权独大的局面，避免阿米巴陷入高风险境地。如果阿米巴长可以直接任命领导班子成员，那么在阿米巴领导集体治理制度不健全的情况下，其很容易根据自身眼光和喜好选择副巴长，所建立的阿米巴领导层将出现民主空心化局面，这不利于阿米巴的健康稳定发展。

（5）阿米巴的业绩考核权、阿米巴长的绩效考核权不能放

因为阿米巴不能考核自身业绩。

（6）阿米巴的财务管理权不能放

总公司对阿米巴的财务管理权不能放，这是显而易见的。这里的财务管理权力不能下放并非指阿米巴不能设立财务部，达到一定规模的阿米巴有必要设立财务部门，以协助阿米巴更好地管理财务、运行业务和提供决策支持。但是，阿米巴的财务体系必须在总公司的管控框架下透明运行，总公司对其

管控程度相对其他体系，应该力度更大，跟踪更紧密，权限更集中。通常的做法是派出阿米巴的财务负责人，其薪酬方案由总公司决定，其工作绩效考核总公司所持权重较大。

（7）阿米巴的知识管理权不能放

总公司对阿米巴的专利、品牌与运营经验都要进行管理，这些知识成果的归属、紧密跟踪与长久留存都非常重要，其突出价值在于延续性上，可为后来人提供宝贵的再发展财富。

4. 差异化授权

阿米巴的授权不应一刀切，对于处于不同发展阶段或能力不同以及地位、业绩不同的阿米巴，应采取差异化的授权方式。可对发展处于初期、能力不足、业绩不佳或处于主业绩地位的阿米巴进行更紧密的控制，而对业务成型、能力较强、业绩良好以及处于边缘地位的阿米巴的放权可以更大些。在保证差异化授权大原则的前提下，不宜将差异设计得过细，因为这样容易引起阿米巴反感——同为阿米巴，但不受总公司信任。

二、 组织授权的设计

阿米巴授权包含内容很多，不仅包括对阿米巴授权，还包括对总公司职能部门的授权、对经营管理部的授权、对总经理的授权等。本书重点讨论对阿米巴的授权，以及权力在行使过程中涉及的部门或岗位的权限形态。

对阿米巴的授权主要包含三个要点。一是分析阿米巴的哪些经营管理活动必须得到总公司的批准后才可进入执行阶段，哪些不需要批准但必须进行汇报、备案或接受总公司的监督。言外之意，这部分经营活动的决定权没有下放到阿米巴，或虽然下放了但阿米巴要接受总公司的监督。二是在阿米巴日常运营中，总公司还有哪些管理行为应对阿米巴形成直接的或间接的影响。三是总公司对阿米巴要进行经营业绩考评与审计，因此要具备考评权和审计权。

1. 因需总公司审批或知晓产生的有关权限

需要总公司审批的阿米巴的经营活动或事项主要包括：

- 阿米巴的发展战略；
- 阿米巴的年度、月度经营计划与预算，阿米巴的增补计划与预算；
- 阿米巴的组织结构优化方案；
- 阿米巴的领导班子成员与财务负责人岗位说明书；
- 阿米巴领导班子成员的任免、奖罚，阿米巴财务负责人的任免、奖罚；
- 阿米巴经营业绩评价、考核，阿米巴领导班子与财务负责人薪酬制度、激励政策；
- 阿米巴长的财务资金权限；
- 阿米巴基本管理制度、核心业务流程；
- 阿米巴重大经营模式或研、产、销业务模式的调整。

这部分经营活动或事项的审批涉及总公司行使审批权，涉及阿米巴的提案权、提名权。审批权，指对某项活动、事件是否允许执行或方案是否予以通过的决定权。提案权，指提出新的建议或对原有思路、方案提出修改、调整意见的权力。提名权，指提出由某人出任某职务的权力。阿米巴的提案一般不是直接进入最后的审批程序，需要总公司相应的职能部门审核把关，因此，涉及职能部门行使审核权。审核权，顾名思义，就是对活动、事件或方案进行较全面的专业可行性研究，以得出可否被批准的专业结论意见。有的企业非常注重这一环节的讨论过程，因为职能部门是专业性的代表机构，其必须为公司领导层提出专业意见，在此基础上，领导层才能更好地履行审批权。为了提高专业度，一些企业还在专业职能部门的基础上成立若干专业委员会，通过多名专业委员合议机制来保障专业意见的正确性。更有个别企业对专业职能审核权进行细分，将其分为审核权和审议权，其区别在于：持有审核权的职能部门有权在提出意见后要求阿米巴按照审核意见进行修改，修改通过后才能越过职能部门这一关卡进入审批阶段；而持有审议权的职能部门提出意见后，则不能"退稿"，阿米巴可将带有审议意见的方案直接上交有关领导层审批。之所以产生审核权和审议权这样的区分，是因为在企业实际运营中，有的职能部门综合能力强，有的则综合能力差，领导层对其信赖程度不同。领导层往往比较放心地将审核权赋予专业能力强、工作作风好的职能部门；对于专业能力差或工作作风存在问题的职能部门，领导层往往赋予其审议权，从而建立与阿米巴之间的工作直通车，避免审批效率低、审核环节意见误导以及故意刁难阿米巴的情况出现。

上述权限划分见表2-8。

表2-8 需总公司审批的经营活动或事项涉及的权限

企业领导层	总公司职能部门	阿米巴
审批权	审核权、审议权	提案权、提名权

阿米巴有些经营活动或信息不需要上报审批，但要进行汇报、备案或接受总公司的监督，如阿米巴对下级组织机构的调整，中层干部的任免、异动，薪酬总额框架内出台新的薪酬激励政策，新品研发信息及重要市场信息等。再比如，针对阿米巴对总公司业务政策的执行情况，总公司的职能部门有权限进行监督——这里的监督权，就是对他人执行既定计划的过程实施偏离标准了解的权力。监督权限的具体发挥是通过调研、了解并比照有关政策、计划、标准实现的。行使监督权后，情况了解清楚了，总公司还有接续的权限要行使，那就是提醒权、督促权、整改权和奖罚权（见表2-9）。提醒权指告诉他人按照有关规定履行义务的权力；督促权则是催促有关对象按照事先约定的计划完成有关任务的权限；整改权指要求别人按照标准进行偏差行为修正的权力；奖罚权是按照公司有关规定实施具体精神或物质奖罚的权力。

表2-9 需总公司知晓的管理活动或事项涉及的权限

企业领导层	总公司职能部门	阿米巴
—	监督权、提醒权、督促权、整改权、奖罚权	提案权/策划权

在此，有必要说明两点。一是提醒权、督促权、整改权、奖罚权的行使都是有前提的，即要事先拥有被公司批准的政策、规则、计划标准或规定，在此基础上才可行使相应的权限。二是有必要说明为什么会设定上述权力。这部分权力感觉规定与否没什么太大差别，因为在不规定的情况下，也可以进行提醒、建议和提案等。但在企业中，为了明确某些岗位或部门的权力，

以及推进有关权力的行使，减轻有关岗位的心理负担，同时严肃有关事项的履行，往往还是正式地将这些权限列明并赋予出去——这完全是制度化企业的支持运营的权限安排体现。另外，企业是人的集合体，难免某些人被提醒、被建议后会不高兴，但是当提醒者、建议者被公司书面制度赋予了权力之后，往往可以避免一些人际摩擦，上升到制度和工作层面来处理问题，容易博得一分理解。至于提案权，则更应明确界定下来，虽然每个岗位、每个部门都有自然而然的提案权，但如果不将其明确化那就是未将其义务化，很多提案是看不到踪影的。为此，一些企业把提案权叫作策划权，强调其职责性，从而强化这一义务的履行。

2. 因总公司对阿米巴施加影响产生的有关权限

总公司对阿米巴经营施加影响主要指：公司总经理或主管副总对阿米巴有关经营工作的指挥、指导、组织、协调或奖罚。企业的运营是实实在在的，即使制度再完善，阿米巴的经营推动和管控也不完全是通过上传下达的方案审议来实现，有些工作思路、工作执行的路径、工作结果的分析以及阿米巴之间的协同行动是需要总公司领导亲自指导或指挥的。例如，某个阿米巴由直销模式转向分销，这次转型就有可能由公司某位副总负责指挥，阿米巴具体执行。再比如，阿米巴在新产品研发工作思路上存在问题，管理上存在漏洞，总公司领导就要对其工作思路给予指导。而阿米巴之间的重要竞标，更会由总公司领导出面进行周密的组织、协调。至于对阿米巴长的奖罚，虽然应该慎重，但总公司领导根据具体情况，是可以临时行使奖罚权的。从以上分析可以看出，总公司对阿米巴施加影响的经营活动很多，总公司行使了相应的指挥权、指导权、组织权、协调权和奖罚权。在这里，要对这些权限进一步解释。指挥权指要求他人按照自己的意愿行事的权力，属于强制性权力；指导权指对他人进行专业指导或启发的权力，指导权不仅可以被有关领导持有，专业职能部门也可持有；组织权、协调权则指为达成统一的工作目标所进行的沟通、说服、有步骤地安排与提出相应要求等的权力，其目标是让几个机构、群体协同工作（见表2-10）。

表2-10　总公司施加影响的经营活动或事项涉及的权限

企业领导层	总公司职能部门	阿米巴
指挥权、指导权、组织权、协调权	指导权、建议权	提案权/策划权

3. 因总公司考核与审计产生的有关权限

总公司对阿米巴具有经营业绩考核权和审计权（见表2-11）。考核权指对阿米巴经营业绩进行评价并得出评价结论的权力。根据这个定义，能够发现得出评价结论前需要对阿米巴的经营状况进行深入调研，这本身就是在履行总公司的考核权，也是为了得出考核结论，对此，阿米巴要无条件配合。当然，在履行考核权时，职能部门是具体执行部门，其考核结论需要审批才能定性、生效。审计权指对阿米巴进行财务、管理审计的权力，其权限以保障审计工作完成为准，甚至可包括审计整改意见的执行部分。

表2-11　总公司考核与审计活动涉及的权限

企业领导层	总公司职能部门	阿米巴
审批权	考核权、审计权	—

以上是对总公司与阿米巴之间权限界定的讨论，大家可能还会追问，在这些基础上，阿米巴还应拥有什么权限呢？总公司领导与职能部门如何把握相关权限尺度呢？阿米巴相对总公司而言，拥有的权限主要为提案权与提名权，即在阿米巴的经营、管理方面，通过方案的形式提出请示，请求总公司决策；就阿米巴的副巴长、中层干部任用进行提名。阿米巴面对内部事务时，只要在企业的战略、计划、政策和制度框架内，就拥有较完整的直线和职能权限，从而满足阿米巴相对独立运营和发展的需要。

在实际企业的权限设计中，要进行比较具体和细化的权限配置，并围绕阿米巴的经营管理活动、事项进行权限分配，形成一张权限界定表作为企业运营的依据。不同企业授权情况不同，此处仅对审批事项涉及的权限配置进行列举（见表2-12）。

表2-12 阿米巴权限配置表（示例）

类别	事项	阿米巴	总公司职能	总经理
战略与计划	阿米巴发展战略计划与战略预算	提案权/策划权	组织审议权	组织审批权
战略与计划	阿米巴年度、月度经营计划与预算	提案权/策划权	组织审议权	组织审批权
战略与计划	阿米巴经营计划与预算调整	提案权/策划权	组织审议权	组织审批权
战略与计划	阿米巴临时增补计划与预算	提案权/策划权	组织审议权	组织审批权
组织	阿米巴组织结构调整方案	提案权/策划权	组织审议权	组织审批权
人事	阿米巴长、副巴长岗位说明书	建议权	提案权/策划权	组织审批权
人事	阿米巴财务负责人岗位说明书	—	提案权/策划权	组织审批权
人事	阿米巴中层干部岗位说明书	审批权	人资部备案权	—
人事	阿米巴长任免、异动	—	人资部提案权	组织审批权
人事	阿米巴副巴长任免、异动	提名权	组织审议权	组织审批权
人事	阿米巴财务负责人任免、异动	—	财务部提案权	组织审批权
人事	阿米巴中层干部任免、异动	审批	人资部备案权	—
人事	阿米巴薪酬总额方案	提案权/策划权	人资部审核权	审批权
人事	阿米巴长、副巴长薪酬方案	建议权	人资提案权/策划权	组织审批权
人事	阿米巴财务负责人（派驻）薪酬方案	建议权	人资提案权/策划权	审批权
人事	阿米巴中层干部薪酬方案	审批权	人资部备案权	—
绩效	阿米巴经营业绩评价方案	建议权	提案权/策划权	组织审批权
绩效	阿米巴长绩效评价方案	—	提案权/策划权	组织审批权
绩效	阿米巴副巴长绩效评价方案	建议权	提案权/策划权	组织审批权
绩效	阿米巴财务负责人绩效评价方案	建议权	提案权/策划权	组织审批权
绩效	阿米巴中层干部绩效评价方案	审批权	人资部审核权	—

续表

类别	事项	阿米巴	总公司职能	总经理
财务	投融资	—	提案权/策划权	组织审批权
	税务筹划	—	财务提案	审批权
	固定资产管理	—	提案权/策划权	审批权
	阿米巴财务报表权/报告	提案权/策划权	财务审核	—
	阿米巴长资金权限	建议权	财务提案权	组织审批权
	阿米巴长个人费用使用	—	财务审核权	组织审批权
	阿米巴财务负责人资金权限	—	财务提案权	组织审批权
	阿米巴财务负责人（派驻）费用使用	审批权	—	—
管理	阿米巴基本管理制度	提案权/策划权	组织审议权	组织审批权
	阿米巴核心业务流程	提案权/策划权	组织审议权	组织审批权
业务	阿米巴营销模式调整方案	提案权/策划权	组织审议权	组织审批权
	阿米巴新品立项管理办法	提案权/策划权	组织审议权	组织审批权
	阿米巴研发、生产、营销激励办法	提案权/策划权	组织审议权	组织审批权
	阿米巴内部市场交易价格方案	建议权	提案权/策划权	组织审批权
	重要合同评审	提案权/策划权	审批权/授权审批权	—
	阿米巴重要项目招标	提案权/策划权	审批权/授权审批权	—
	重大投诉处理	提案权/策划权	审批权/授权审批权	—
	重大事故处理	—	提案权/策划权	组织审批权

三、组织授权的四种方法

阿米巴经营模式是一种打破集权的分权经营模式，阿米巴则是这一模式下自主经营的业务单位，因此，很多决策要由阿米巴自行做出，所以，阿米巴应取得配套权限，这就涉及总公司如何向下授权的问题。

总公司放权，即总公司与阿米巴间做好权限划分，是阿米巴得以确立及有效运行的保障。恰当授权、配套授权是阿米巴企业的构成"硬件"，是新组织自运行的"交通规则"。而对阿米巴授权不当，将直接影响基层决策及一线运营效率，降低团队积极性，甚至动摇新模式的根基。毫不夸张地说，没有实质性授权的阿米巴堪称伪阿米巴。

1. 常规授权

明确在人权、财权、事权、物权、法权等方面阿米巴应享有的权限，并用审批流程分类逐项将其界定完备。例如，阿米巴对内部中层干部的任免有没有决定权？在年度经营计划框架内的预算费用支出，阿米巴长是否有决定权？针对毛利率低于一定标准的合同，阿米巴长是否有权签订？根据对象市场，阿米巴长是否有制订并实施独自的市场政策、商品政策、价格政策等的决策权？

2. 主动请权

在总公司授权基础上，阿米巴要有进一步请权的意识和勇气。最了解客户、市场和业务的是阿米巴自身，因此，如果总公司的授权脱离实际，制约了具体工作的进展，那么阿米巴就该向总公司申请放权。可见，精准授权是在总公司与阿米巴间良性互动中动态产生、逐步完善的。只要站在有利于阿米巴及公司发展的立场上，主动请权行为是要鼓励和倡导的。

3. 先斩后奏

在阿米巴具体业务工作中，总有些紧急情况，尤其是面对客户或代理商时，因此阿米巴需要当机决断。为此，总公司要制订授权原则，明确在哪些情况下，阿米巴可以先决定后汇报。当然，阿米巴要对决定结果负责，而总公司要讨论有些事务能否干脆就放权下去。

4. 期授

这里的"期授"，实质是一种机制性的授权方式，即总公司可以向阿米巴做出承诺，如果阿米巴在指定时间内达成约定业绩目标（或评估分数），那么其将获得更多授权。有时，做出期授许诺可以征求阿米巴意见，双方探讨如何将阿米巴最期望的权限放进去。

第四节
巴长的产生

对阿米巴而言，阿米巴长是最核心的岗位。阿米巴长的遴选与上任，是所有人都关心的话题。新的经营模式能否走向成功，阿米巴长是否胜任是个核心点。只有规范、有效的选人、用人制度，才能保障人才脱颖而出。

阿米巴长人选的产生机制和程序至关重要，这是新体制治理中不可或缺的重要内容。一套完善的阿米巴上任规程不仅包括巴长职位的用人标准，还包括对巴长的人选来源及巴长的上任步骤与策略的思量，目的是降低部门长的用人风险，避免任用不慎造成组织震荡，影响阿米巴的经济效益和阶段性发展。

一、巴长的用人标准

阿米巴长是企业的核心价值岗位，因此，从人力资源角度要对用人标准做出明确的界定。一般而言，企业会根据阿米巴所处的发展阶段以及阿米巴亟待加强的业务进行部门长用人标准的确定。例如，当阿米巴处于组建初期时，企业希望富有魄力、决断力强、进攻型的阿米巴长出现，而且最好营销是其专长。当阿米巴发展到一定阶段，业务成长达到成熟期的时候，企业则希望防守型的侧重管理的阿米巴长上任，以便能够从制度、机制角度推进事业的持续建设，支持阿米巴规模化发展。

阿米巴长的用人标准通常与岗位职责相结合，共同写入职位说明书。我们从通常角度出发，制订了一份阿米巴长的岗位说明书，具体如表2-13所示。

表 2-13 阿米巴长岗位说明书（示例）

岗位名称	××阿米巴长	所属部门	××阿米巴	直接上级	公司总经理
直接下级	三级巴长	部门规模	××人	岗位定编	1
职系	经营管理	岗位薪等	×级×等	晋升岗位	大事业部长

岗位地位与功能概述：

  阿米巴长是公司事业分支的负责人，属于公司核心价值岗位。推动阿米巴持续发展，完成年度经营计划是阿米巴长的使命。主要岗位职责包括：阿米巴的长中期经营计划、年度经营计划、组织与人事管理、收支管理、日常业务管理，此外负责与总公司的沟通，以取得必要资源的支持。

岗位职责	1. 阿米巴战略管理 （1）制订阿米巴发展战略、长中期经营计划，并通过公司的审批； （2）承接战略计划，制订年度经营计划，在宏观时间周期内监督战略计划的执行； （3）每半年形成一份战略计划执行报告，接受公司的战略质询与审计； （4）每年优化一次发展战略方案，适时调整战略执行计划。 2. 阿米巴经营计划与预算管理 （1）承接阿米巴发展战略，制订阿米巴年度经营计划与利益计划，并通过公司审批； （2）承接阿米巴年度计划，制订阿米巴月度经营计划与利益计划，并通过公司审批； （3）制订阿米巴经营计划、执行计划，并监督执行； （4）组织阿米巴经营计划与预算偏差分析，并进行相关整改； （5）根据形势变化，组织经营计划与预算的适时调整； （6）组织上报理由充分的计划外事项申请； （7）制订阿米巴内部计划与执行预算业绩评价。 3. 阿米巴组织管理 （1）制订阿米巴组织架构及组织运行优化方案，并通过公司审核； （2）制订阿米巴部门职能方案； （3）制订阿米巴内部各部门工作业绩评价方法。 4. 阿米巴人力资源管理 （1）制订阿米巴人力资源计划； （2）制订阿米巴薪酬总额、编制方案，并通过公司审批； （3）制订阿米巴人员任免、辞聘、异动方案； （4）制订阿米巴薪酬与绩效管理方案； （5）制订阿米巴员工晋升制度与培训制度。 5. 阿米巴财务管理 （1）制订阿米巴基本财务管理制度；

第二章　阿米巴经营模式下的总公司与组织划分

续表

	（2）制订阿米巴资产管理制度； （3）制订阿米巴资源管理制度； （4）制订阿米巴报告与财务报表。 6. 阿米巴业务机制与业务模式管理 （1）制订阿米巴研发激励机制、项目管理优化办法； （2）制订阿米巴生产激励机制，提升效率与加强成本管理； （3）制订阿米巴营销与服务激励机制、营销与服务模式优化办法。 7. 阿米巴日常运营管理 （1）制订阿米巴业务管理政策、制度与流程； （2）指挥、指导、组织、协调阿米巴具体运营活动。 8. 阿米巴合作与内部市场交易 在公司内部运行规则框架下，制订阿米巴产品或服务价格、合作模式。 9. 资源获得 （1）利用任命机会，争取各类资源； （2）利用年度经营计划与利益计划的制订和沟通，获得有关资金、资产、权限、人员等资源； （3）根据形势变化，随时提出各类请求，并尽力说服总公司。
权限	1. 人事权 （1）领导班子其他成员任免、薪酬方案、年终资金的提名、提案权； （2）中层及基层员工任免、辞聘、异动、薪酬方案、年终资金的决定权。 2. 财务权 预算内资金使用（阿米巴长本人费用除外）审批权。 3. 公司规定需上报审批外的所有其他事项的审批权
薪酬与绩效	1. 月薪 （1）月薪结构为：基本工资+岗位工资，其中岗位工资中30%为绩效工资； （2）绩效工资按照阿米巴长岗位绩效考核办法每月考核发放。 2. 年终奖金 （1）年终奖金分为年度效益奖金与发展贡献奖金两部分； （2）年度效益奖金按年度效益奖金考核办法发放，主要考核指标为销售额、利润、净现。发展贡献奖金延迟一年发放，主要考核阿米巴经济指标增量及战略计划执行情况、经营模式创新、新品销售额及占比、新市场开拓情况、代理商发展情况、骨干人才流动、管理制度优化与完善等方面。 3. 公司总经理特别奖 按照公司总经理特别奖评选标准发放。

毛利变纯利

续表

职务待遇	（1）配置××标准的公车； （2）办公室使用面积在××~××平方米； （3）配置笔记本电脑； （4）未婚可享受独身公寓，内配空调、电视机、冰箱、洗衣机、微波炉及必要家具； （5）可配备专职秘书一名。	
任职条件	学历要求	本科及以上学历
	工作经验	具有大中型企业事业部、子公司总经理3年以上管理工作经验
	专业能力	在企业全面管理与运营、营销或技术方面具有一定的专业能力
	素质要求	（1）具有较强的领导力、善于沟通、工作富有魄力； （2）能熟练使用办公软件。
	其他要求	创新意识强

公司人力资源部门应从战略人力资源的角度将阿米巴长岗位用人标准制订工作管起来，出台阿米巴长岗位用人标准优化制度，根据企业对阿米巴提出的新要求以及阿米巴发展阶段的形势变化，同步进行巴长用人标准的修正。具体管理要点如下所述。

①从当期效益和发展储备两个角度分析，同时结合对阿米巴具体发展计划要点的把握，总结企业对阿米巴的关键要求，在总体层面上构建阿米巴长的素质模型。

②从阿米巴目前处于营销拉动还是技术驱动的角度判断巴长需要具备的能力。

③从影响阿米巴发展的能力"短板"出发，界定阿米巴长职位所需的能力方向。

④从阿米巴班子成员的搭配和互补的角度确定巴长需要具备的能力。

⑤根据阿米巴的整体文化氛围进行阿米巴长的素质考量。

⑥在对阿米巴长的岗位职责描述层面进行阿米巴长复合型素质的总体把握。

二、巴长的任命策略与形式

阿米巴长的任命，除了要坚持公司既定的干部任命程序外，更要注重任命策略地运用，避免出现"被动任命"问题。

被动任命指的是将不胜任的人选一步到位地推到正职岗位上，该人选短期内即暴露出诸多问题，造成公司不得不再次做出人事调整，或因没有更适合人选接续而导致企业处于两难境地的现象。

引发被动任命问题的原因主要有两个：一是在对人选没有考查到位的情况下错误地认为已经看准了人才；二是不懂得任命策略，缺少任命经验，任命上岗程序走得过急过快。

被动任命问题频繁发生引发的后果相当严重。首先，人选工作不力，或公司要对巴长岗位再次调整，将对相关阿米巴工作产生影响，甚至导致阿米巴出现动荡。其次，阿米巴长的频繁异动，表明公司决策层在人员选用上缺乏能力。反复出现用人纰漏，会使这一问题上升为企业意识形态问题，导致公司领导层威信下降，员工会认为公司决策随意、风格欠稳健，视重要干部任免为儿戏。最后，被动任命频发会对干部心理造成负面影响，认为"干部上下"为平常事儿，晋升了不用多兴奋，降级了属于正常。

既然不能轻率地确定阿米巴长人选，同时对新人选在实际工作中的表现吃不准，就要采取稳健、渐进式的任命路线。如下几种方法可供借鉴。

1. 原阿米巴长已经离任情况下的任命方法

①通常路线：将阿米巴长人选先任命为阿米巴代理巴长，时机成熟时，再将其转正任命为巴长（见图2-19）。给予代理巴长代理级别的薪酬待遇，也可以一步到位实行正式巴长岗位薪酬标准。

巴长人选 ⟹ 代理巴长 ⟹ 巴长

图2-19 阿米巴长任命的通常路线

②迂回路线：将巴长人选先任命为公司总经理特别助理，放到阿米巴代管工作，时机成熟时，将其任命为阿米巴代理巴长或一步到位任命为阿米巴

长（见图2-20）。

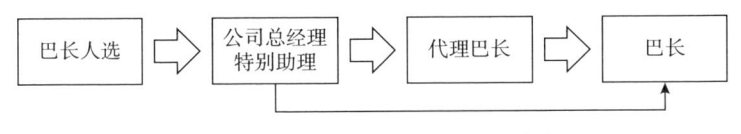

图2-20 阿米巴长任命的迂回路线

上述两种方式的区别在于，第二种方式留给公司的回旋余地更大，在操作手法上更具隐蔽性。按照第二种方式操作，阿米巴长是另外一个人也很正常，因为前期的任命是公司总经理特别助理代管阿米巴，可看作公司的一种阶段性代管安排。在细节处理上，第二种任命路线中的总经理特别助理，其薪酬应走总公司体系，具体薪酬由总公司支付，隐蔽性更强。

2. 拟调整的阿米巴长仍要短期在岗的情况下的任命方法

①可将人选任命为阿米巴副巴长或巴长助理，直接进入阿米巴主抓关键工作，待岗位正式调整时，将其扶正（见图2-21）。

图2-21 阿米巴内部任命路线

②将人选任命成公司总经理特别助理，受命于公司总经理的部署，在阿米巴外阶段性地主抓该阿米巴的经营与管理状况调研工作，待岗位调整时，再将其任命为阿米巴代理巴长或巴长（见图2-22）。

图2-22 阿米巴外部任命路线

上述两种方式的好处是，人选有相应的时间了解阿米巴情况。两者的区别是：第一种方式可以帮助人选更加深入地了解阿米巴关键业务，避免某些隐藏性问题在阿米巴长卸任后才暴露；第二种方式的继任推进过程更加和缓，有利于新旧巴长的平衡交接。

当然，对于优秀的人选，经过综合考虑没有什么问题，可直接任命为阿米巴长。不过，建议企业多做稳健型任命。同时，可将这种任命原则和路线纳入企业规章制度，在具体制度规定的情况下，想走上阿米巴长岗位的人选，必须要经过所要求的过渡性岗位的锤炼，才有可能转为正职。

三、巴长的兼任

有些企业在阿米巴组建之初，往往由集团高管兼任阿米巴长，短期过渡是可以的，如果兼任时间过长或者是固定兼任，就会带来一系列问题，主要体现在以下三个方面。

①会让集团决策层处于两难境地。当对阿米巴的有关管控政策、制度等进行决议的时候，兼任阿米巴长的高管立场会摇摆不定，不知应该以什么身份做出决策。

②会无形中增加总公司职能部门的工作难度。面对由高管兼任的阿米巴长，职能部门的心里还是"打鼓"的，失去了管控的客观性。如果对阿米巴的管控是有选择性的，将在很大程度上影响阿米巴的良性运行。

③会影响阿米巴之间的公平合作。毫无疑问，由高管兼任阿米巴长的阿米巴处于强势地位，会一定程度地影响需要通过协商促成的内部市场交易行为。同时，在出现冲突的时候，不利于公平、公正地化解冲突。

还有一种兼任，就是某阿米巴长兼任两个阿米巴负责人的情况，这种兼任只能是权宜之计。当然，如果是阿米巴合并之前的过渡，则另当别论。

四、巴长的内部培养与空降

1. 阿米巴长的内部培养

阿米巴长岗位价值不言而喻，属于公司最具核心意义的岗位。因此，对阿米巴长的内部培养一定要提升为企业的重要事件，并纳入战略性人力资源计划。具体原则和路线如下所述。

①要立足内部长期培养巴长，同时，实行比较低调的接班人计划，避免出现"急用人、急找人"的局面。

②阿米巴长人选可源自企业诸多岗位，既可来自阿米巴内部，也可来自其他阿米巴，还可来自总公司；既可来自营销体系，也可来自技术体系，还可来自管理体系。

阿米巴长内部培养计划如下所述。

第一，定目标。每个阿米巴长都应有2—3名的接班人。

第二，定基调。具体培养计划和人选，不仅要对广大员工保密，而且被培养人本人不到培养后期也最好不要知道，否则，会对现行工作安排产生较大困扰，在任阿米巴长会有不稳定的感觉，被培养人可能会产生骄傲情绪。加之培养计划可能出现变故或者培养过程中易人，那么被培养人情绪肯定会大受影响，对工作及本人的发展不利。

第三，定实施机构。阿米巴长培养计划要由公司总经理亲自领导实施，并将具体工作委派给总经理助理或人力总监具体执行。

第四，定方法。信息收集：通过采用部门日常信息整体上报的形式，拣出候选人的上报材料进行分析；关注周围员工的评价；述职过程中，关注候选人的情况。培养机会赋予：按照候选人的条件组织重要培训，并批准候选人参加。轮岗锻炼：以岗位缺人和有人推荐为由，有意安排候选人在阿米巴重要岗位、总公司关键岗位上轮岗锻炼，并关注其在岗表现情况。特命事项考验：以解决某一问题或紧急事件为由，有意对候选人进行特别工作部署，考验其意志，检测其综合素质、处事能力与专业能力。

第五，建立接班人人事档案。这个档案不同于人力资源部的常规人事档案，是专为接班人准备的，是为了满足接班人计划实施的需要。对这份档案实行独立管理，限权查阅。

2. 阿米巴长的空降

对于职业经理人的空降，很多人会谈之色变，因为业界传说的空降阵亡率奇高。这并非言过其实，空降下来的职业经理人确实容易失败。究其原因，不外乎两大方面：第一个方面是职业经理人个人问题，表现在职业经理人心高气傲、急于求成，最后却欲速而不达，只好黯然离开。应该说，大多数职业经理人不是败在能力上，而是败在对落脚公司情况缺乏了解，对企业已形成的优势没有虚心承认，难以真正融入企业文化以及在复杂人际关系的处理上缺欠技巧等方面上。第二个方面是引入职业经理人的企业本身存在问题，企业没有对职业经理人落地生根的艰难性给予足够的预见，也没有为成功接纳一名新人提供一系列的支持。这里的预见包括两方面内容：一是对新人会遇到的关键阻力和困难要做透彻分析；二是要认识到职业经理是人不是神，因此，不能要求其立竿见影产生业绩实效。这里的支持指为使职业经理人能够平稳着陆所采取的清除各种障碍的措施。例如，在岗位的安排上，不采取一步到位的方式，而是渐进式扶正；将"刺头"人物提前调离，降低新任职业经理人的工作阻力；抽调得力爱将辅佐新人，不要求其短期内创造业绩；给职业经理人足够时间适应、调整和发挥等。

不论怎样，引入职业经理人确实存在一定风险，那么，对于阿米巴长这样的核心岗位，是否宜采取这种方式呢？其实，内部培养一样存在风险，只不过企业高层对内部人选比较熟悉，因此对这种风险早有预料，一旦风险发生不会感觉意外。所以，要客观看待引入职业经理人的潜在风险，只要最大程度规避，成功率会提高的。另外，职业经理人具有的丰富经验是企业真正需要的，引入职业经理人，实际上是采用拿来主义方式，这往往就意味着承担一定风险，也是空降职业经理人的必然代价。

对空降职业经理人的风险性有了一定认识和心理准备之后，就可以为阿米巴长岗位引入职业经理人做必要分析和安排，主要包括如下步骤。

（1）分析阿米巴的类型，判断其是否适合引入职业经理人

①从阿米巴所处的发展阶段来看，创建期的阿米巴、发展稳定期或增长乏力期的阿米巴，均可通过引入职业经理人推动阿米巴的发展。

②从阿米巴涉足的业务领域来看，那些原公司资源不具备支持性的阿米巴可以考虑引入职业经理人。

③从阿米巴管理状态来看，规模庞大、管理混乱，确实无人能够胜任阿米巴长的公司，可以尝试引入职业经理人。

（2）慎重考查职业经理人

对于职业经理人的考查务必深入、细致，不能病急乱投医。如果公司将空降当作一个重要用人途径，就应该在日常同时关注多名职业经理人，坚持长期、持续地跟踪与了解，从而满足今后的用人需求。

对于职业经理人的考查，除了了解其业绩情况外，还要对其品行、工作风格等进行多角度的调研，判断其是否适合本企业。在具体方法上，可采取公司直接考查与第三方考查相结合的方式，同时，硬性规定足够的考查期以及考查结果的例证性——用典型、真实的事例说明其能力。

（3）设计及执行公司职业经理人接纳计划

根据阿米巴的实际情形，建立职业经理人融入公司的策略性路线，从而让空降从"骤降"变成"缓降"，以减少震动，并提高成功率，同时，留给职业经理人足够的时间了解公司情况，并为其介绍公司内部人际关系——不能因为敏感就回避这一问题。具体操作如下所述：

- 在岗位安排上，采取渐进式扶正方式，例如，先安排职业经理人到公司总经理助理或阿米巴长副手的岗位上；
- 清除破坏性的人为阻碍，将"刺头"人物提前调离；
- 加强新生力量，将单一力量加码为群体力量，抽调得力爱将进入阿米巴辅佐新人工作；
- 尽量消除"救火"想法，对职业经理人的使用要从长计议，不要求职业经理人短期内创造辉煌战绩，给其留下足够的时间适应、调整和发挥。

采用空降方式完成阿米巴长的上岗，并非公司内部真的无人可选，而是可能出于两方面的考虑：职业经理人能够带来全新的经营理念和运营模式，可能会给阿米巴带来完全不同的发展格局和前景；其次，形成新老结合的模式。当然，这不一定是引入新人的主要目的，但其客观作用确实存在。

总之，认清空降职业经理人的实质——一种上岗方式，不必太神化或者太忌讳这种方式，既不能轻率操作也不必因噎废食，把握好操作环节，不急于求成，就可较好地驾驭外部宝贵人力资源。另外，"空降"这个词本身就不够准确，其强调速度性和突然性，通过上述分析，我们能够看到，引入职业经理人其实是一个十分稳健的过程。

第三章
阿米巴经营管理会计

企业由财务、人事、采购、生产、销售等部门组成，这些部门就是企业的五脏六腑。企业生病了一定是企业的内部器官出现了问题。

因此，企业必须建立一套属于自己的体检系统，对五脏六腑（各个部门）进行科学地、系统地体检、分析，再制订相应的对策去加以解决。经营管理会计体系就是企业的体检系统。下面，我们一起研究企业的体检系统。

第一节
阿米巴经营管理会计与财务会计

一、阿米巴经营管理会计的意义

"会"是汇总的意思,"计"是计算的意思。会计是将企业中的原始票据(如收支的发票、内部传票等)汇总,按一定的原则分类并计算。经营管理会计指通过会计的手法,利用计数对经营进行管理的体系。管理的目的是企业根据计算整理出来的数据,能够使政策管理和体制管理协调展开,从而进行方向性管理和健全性管理,最终按照既定的成长路径实现目标。要实现这个目的,具体的推进方式就是经营管理循环,即 PDCA。

经营的本质是以科学为基础,基于经营者的个性创造出来的艺术。经营管理会计是经营科学的基础,如果企业没有建立经营管理会计的体系,就不可能进行科学的经营。

二、阿米巴经营管理会计与财务会计的比较

1. 目的

财务会计的目的是向公司和利害关系者,如股东、政府部门、债权人等报告公司的财政状态与经营成绩。经营管理会计的目的则是向企业的经营者和管理者提供经营活动的基础性信息,以便他们及时、准确地了解企业的经营成绩和财政状态,并做出适当的决策。在尚未引入经营管理会计体系的公司,经营者和管理者会根据财务会计的报表做出决策,把握经营实态。很难判断这种做法是否适合,因为根据财务会计的报表编制出的资料(资产负债表、损益表)本来并不是以内部管理为目的的。

2. 目标

财务会计是站在外部利害关系者（股东、债权人）的立场上，考虑如何相对于公司保全自己的利益；经营管理会计的目标是，追求企业自身的生产性、收益性的提高，所以从经营管理会计中获得的资料可以成为指明决策方向的指导性资料。

例如，扩张哪个部门或缩小哪个部门更为有利？拓展哪个商品群或维持哪个商品群能够增加企业的收益？由于事业和季节特性，何时为"赤字月度"？何时为"黑字月度"等？针对此类课题，经营管理会计能够给经营者、管理者的决策提供明确的数据资料。这也是经营管理会计的主要特征。

3. 计算基准

财务会计的处理必须在各种制度或规定的制约中进行。因此，财务会计的负责人不仅要精通《企业会计准则》等，而且还要充分了解各种会计规章和会计规范性文件。

经营管理会计的计算基准由企业的经营者、管理者自行决定。企业有必要根据自己的业种、业态、规模及管理目的、管理水准决定自己企业的经营管理会计的计算基准。

4. 计算期间

财务会计的计算期间为 1 年（12 个月）。计算期限称作"事后计算"，以过去 12 个月为对象集中会计处理，编制决算期间的财务会计样式的损益表和决算期末的资产负债表。对于在年度开始时计算预算损益，在每月月末计算月度损益的做法，财务会计没有做硬性规定。

经营管理会计进行期间计算。对 12 个月做计划，并将此作为企业的年度计划。各月度也要作月度决算，测定每个月的经营成果和财政状态。一年结束，再做 12 个月的年度总决算。

基于此，经营管理会计的计算期间是以 1 年为大的对象，以每月为小的对象。计算的进展方式是，年度初的计划（年度经营计划的制订）、年度过程计算（月度决算与实施情况的检查）、年末的计算（年度经营计划评价与激励）。

三、阿米巴经营管理会计与财务会计生成过程

会计即会而计之,将原始票据进行汇总、分类、计算。接下来从会计形成过程来考察经营管理会计损益表与财务会计损益表的生成过程和关系(见图3-1)。

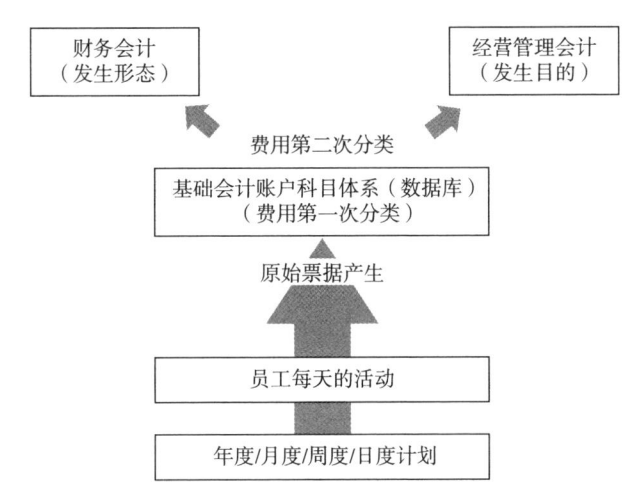

图3-1 经营管理会计损益表与财务会计损益表的生成过程和关系

经营企业首先明确理念和远景,明确长中期经营计划,明确年度经营计划,将年度计划转化成每个月、每一周、每一天的活动,员工每天的活动都会伴随着收支的原始票据产生。

对原始票据进行第一次分类:按销售额、促销费、招待费等科目分类;按销售部、生产部、财务部等部门分类;按A产品、B产品、C产品等产品群分类;按区域、客户、业态或某一细分市场分类。也就是说,从哪个维度划分了组织,就要从哪个维度去划分原始票据,对费用的第一次分类就形成基础会计账户科目体系(数据库)。

对费用进行第二次分类:根据发生形态形成财务会计,根据发生目的形成经营管理会计。由于费用的第二次分类标准(发生形态和发生目的)的不同,通过财务会计损益表只能看到费用,看不到费用后面的内涵,而通过经营管理会计则可以将两者都看得一清二楚。

综上所述,财务会计损益表和经营管理会计损益表的不同在于第二次分

类标准不同。因此，我们可以把财务会计和经营管理会计相互转化。

损益表的基本信息包括公司名、期间、计算单位。

四、 阿米巴经营管理会计计算对象范围界定

在此对经营管理会计所涉及的计算对象做更深入的研究。对企业进行经营和管理，追求企业生产性、收益性的提高，并据此追求财务的安定性，这是经营管理会计的目标。为此，我们必须认真思考"经营管理会计是以什么为管理对象的"这一命题。管理对象的确定与该企业的业种、业态及规模关系很大，基于一般原则对之加以整理便发现：

第一，经营管理会计的对象是企业而非公司；

第二，经营管理会计的对象是为了提高企业生产性、收益性的对策及活动。

一家企业有时也会进行某些与该企业的生产性的提高不相干的活动。此种情况下，经营管理会计会将这些不相干的活动从计算对象中剔除出去。例如，有一家做电子零部件的企业，销售额由两部分构成：一部分是作为主业的零部件销售；另一部分是仓库租赁。真正为企业的生产性和收益性做出贡献的是主业，因此，在进行经营管理会计计算时，要将非主业活动仓库租赁业务会计与主业会计严格区分，否则很难准确及时地掌握有关主业的数据。

第二节
阿米巴经营管理会计损益表的构造

一、 阿米巴损益表的重要科目说明

1. 财务会计损益表（见表 3-1）

财务会计损益表构成项目有 9 个，收益项目有 5 个（①③⑥⑦⑨），

毛利变纯利

表 3-1 财务会计损益表

公司名：A 公司　　期间：2020 年　　单位：万元

项目	金额
①销售额	93184
△②制造成本	74649
③营业总利益（毛利）	18535
△④销售费用	941
△⑤一般管理费（销售部门之外）	6022
⑥主营业务利益	11572
⑦营业外收益	686
△⑧营业外支出	580
⑨本期纯利益	11678

费用项目有 4 个（②④⑤⑧），将费用分为制造成本（在制造业企业里指本期产品生产成本）、销售费用、一般管理费用、营业外支出，共四大费用项目。项目之间只有加减的关系，如"销售额 - 销售成本 = 毛利""毛利 - 销售费用 - 一般管理费 = 主营业务利益""主营业务利益 + 营业外收益 - 营业外支出 = 本期纯利益"。各个项目之间只有加减的直接关系，没有乘除的间接关系，所以项目之间不是相互关联的体系，所以不能用财务会计作为体系对企业进行管理，只能对个别单一项目或单一指标进行管理。

2. 阿米巴经营管理会计损益表（见表 3-2）

经营管理会计采用的是完全不同于财务会计的方法。经营管理会计对费用进行第二次分类，即以收益（销售额）为基准，重视相对于销售额的变动性，从而将费用区分为与销售额成正比例变动的费用群与其他的费用群，前者命名为变动费，后者命名为固定费，这样就形成了如下的计算体系。

经营管理会计的损益表构成项目有 5 个，收益项目有 3 个（①③⑤），费用项目有 2 个（②④），将费用分为变动费、固定费两大类。销售额减去变动费，其余额我们称为边界利益，即"边界利益 = 销售额 - 变动费"。在经营管理会计损益表中，营销毛利的思考方式已不复存在。

表3-2 阿米巴经营管理会计损益表

公司名：A公司　　期间：2020年　　单位：万元

项目	金额
①销售额	93184
△②变动费（变动性）	4022
③边界利益	89162
△④固定费（固定性）	77590
⑤经营利益	11572

5个费用项目之间既有加减的关系又有乘除的关系："销售额 - 变动费 = 边界利益""边界利益 - 固定费 = 经营利益""销售额 × 边界利益率 = 边界利益""边界利益 ÷ 边界利益率 = 销售额"。项目间既有直接关系，又有间接关系。项目之间是体系的关系，所以经营管理会计可以作为体系对企业进行管理。

二、阿米巴损益表变动费、固定费的定义及其分类方法

经营管理会计是如何将费用进行分类的呢？根据经营管理目的的不同有不同的方法。实践中的费用分类方法是，将费用划分为与销售额成正比例变动的变动费和其他即固定费。重要的是，把变动费界定为与销售额成正比例的费用。因此，应事先界定变动费与固定费的概念。变动费是与销售额成正比例增减，或被判断为与销售额成正比例增减的费用。固定费是变动费之外的费用。

1. 变动费的三个水准

初级水准：与销售额成正比例发生或被计划与销售额成正比例发生的费用。例如，制造成本、物流费、招待费、销售提成、计件工资、生产用水电等，被称为初级水准，其原因是看不到费用发生的目的。

中级水准：为了获取销售额而要支出的费用。若企业中的任何一笔费用的直接目的是获取销售额，即称为变动费。根据这一定义，有效的变动费科

目越多越好。例如，促销费、营销人员的招待费、差旅费、销售提成等。在这一定义中开始看到了费用的目的，因此称为中级水准。

高级水准：总经理认为将该费用作为变动费管理更符合目的、更合理和高效，被称为高级水准。

2. **固定费的三个水准**

初级水准：与销售额不成正比例发生或没有被计划与销售额成正比例发生的费用（变动费之外的费用）。例如，房租、通信费、服务器费、办公室装修费等，被称为初级水准，原因是看不到费用发生的目的。

中级水准：为了维持经营体制而必须支出的费用。即使销售额是 0 元也要发生的费用，例如，人工费（固定工资）、办公用品费、办公水电费、员工五险一金等。在这一定义中开始看到了费用的目的，因此称为中级水准。

高级水准：总经理认为将该费用作为固定费管理更符合目的、更合理和高效，被称为高级水准。

高级水准是经营者经营理念和战略的试金石。也就是说理念不同、战略不同，对费用的分解就不同，只有明确了理念和战略，才能够明确哪一种费用划分方式才是更符合目的、更合理和高效的。比如，研发费和培训费，如果企业是以成为市场第一为战略目标，会将研发费作为变动费来管理，每投入一分钱研发费都要获取销售额。如果企业是以成为市场唯一为市场战略目标，会将研发费作为固定费来管理，因为要形成自己的特点，哪怕销售额是 0 元，也要投入研发费。企业若把人当成成本或资本，培训费作为变动费来管理；若以人为根本，培训费就作为固定费来管理。

三、 阿米巴损益表计算的两个原则

1. **原则一：边界利益与销售额、边界利益率之间的关系**

经营管理会计损益表必须发挥作为企业经营管理工具的作用。那么，怎样才能发挥这样的作用呢？实际上，原则就隐含在损益表的特征中，并通过边界利益与边界利益率体现出来，见表 3-3。

表 3-3 损益表（例表1）

公司或部门名：_____   期间：_____

科目	金额/万元	比率
销售额	24000	100%
△变动费	12000	50%
边界利益	12000	52%

公式①：边界利益 = 销售额 - 变动费
　　　　　12000　　24000　　12000

由于变动费是销售额的函数，所以该算式又可表示为如下公式②

边界利益（y） = 销售额（x） × （1 - 变动费比率）
　12000　　　　　　24000　　　　　　　0.5

由上述公式②可以得出结论：边界利益与销售额大小成正比例。

基于"边界利益率 = 边界利益 ÷ 销售额"，可以推导出如下内容：由于"边界利益 = 销售额 × 边界利益率"，所以边界利益在销售额一定时，与边界利益率成正比例；而边界利益在边界利益率一定时，与销售额成正比例。

2. 原则二：经营利益与固定费、销售额之间的关系

根据前面的说明，若边界利益率为定数（一定数额）的话，那么边界利益将可以以销售额的公式表示出来，所以下面的公式③便成立。接下来只要把固定费考虑为定数，公式④便成立了，见表 3-4。

表 3-4 损益表（例表2）

公司或部门名：_____   期间：_____

科目	金额/万元	比率
销售额	24000	100%
△变动费	14400	6%
边界利益	9600	40%
△固定费	7200	30%
经营利益	2400	10%

毛利变纯利

公式③：边界利益＝边界利益率×销售额

公式④：经营利益＝（边界利益率×销售额）－固定费

公式说明如下：

①边界利益 9600＝40%×24000

②经营利益 2400＝9600－7200

③经营利益 2400＝40%×24000－7200

四、阿米巴损益分歧点计算与优化对策

1. 含义

"经营利益＝0"的时候的销售额，被称为损益分歧点（盈亏平衡点，Break Even Point，BEP）。

假设 A、B、C 三家企业投入的经营资源（固定费）都是 40 万元，市场竞争力（边界利益率）都在 40% 不变的情况下：当 A 企业销售额是 99 万元的时候，经营利益就是"亏损"；当 B 企业销售额是 100 万元的时候，经营利益就是"0"；当 C 企业销售额是 101 万元的时候，经营利益就是"盈利"，见表 3－5。

表 3－5　A、B、C 三家企业的损益分歧点一览表

科目	A 企业 金额/万元	A 企业 比率	B 企业 金额/万元	B 企业 比率	C 企业 金额/万元	C 企业 比率
销售额	99	100%	100	100%	101	100%
变动费	59.4	60%	60	60%	60.6	60%
边界利益	39.6	40%	40	40%	40.4	40%
固定费	40	40.4%	40	40%	40	39.6%
经营利益	－0.4	－0.4%	0	0	0.4	0.4%

2. 计算

想通过固定费和边界利益来计算损益分歧点，要在初步把握经营管理会计损益表本质的基础上进行。

损益表的本质可以通过以下算式表示出来。
- 损益分歧点的定义：经营利益 = 0
- 所以：边界利益 = 固定费
  边界利益 = 销售额 × 边界利益率
- 因此：损益分歧点销售额 × 边界利益率 = 固定费

将上述算式展开，便得到下列算式：

$$损益分歧点销售额 = \frac{固定费}{边界利益率}$$

在特定企业的特定时期，固定费一般被视为已知的，因此通过决定边界利益率，便能计算出损益分歧点销售额。

3. **意义**

通过算式，我们已知固定费和边界利益率是影响损益分歧点销售额的因素，因此，需要警惕固定费的增长。设备投资导致折旧固定费增加，人工费占了固定费的大部分，人员增加就会导致固定费相应增加。因此，为了降低损益分歧点销售额，不仅要减少与生产量相关的原材料、生产用水电等变动费，而且要尽量减少固定费，借此提高经营利益率。正如图3-2所示，尽可能减少总费用，降低损益分歧点，增加经营利益。

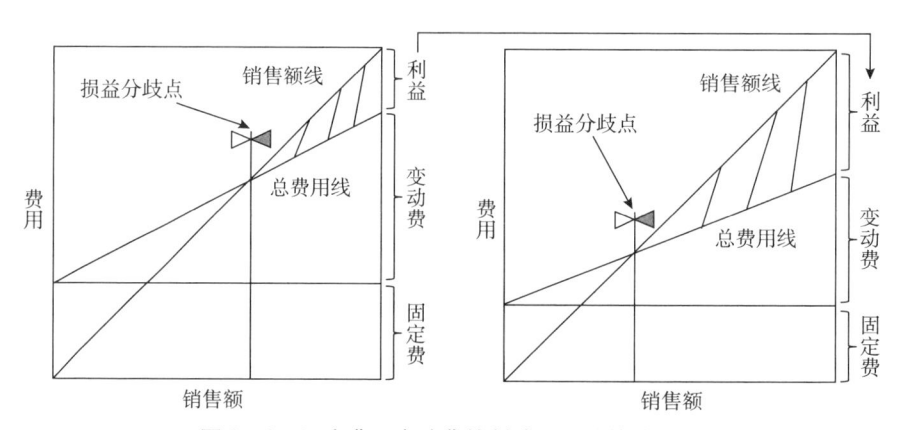

图3-2 固定费、变动费的削减和利益的关系图

损益分歧点的销售额每一周都有必要计算，如果做不到每周计算至少要做到每月计算。企业每一天都在直面激烈的市场竞争，自主地追求发展，损

益分歧点是企业经营的天堂与地狱的交叉点。盈利意味着企业在天堂，亏损就意味着企业在地狱。总经理和员工要对此充满危机感，强化盈利意识，松下幸之助说过一句话："亏损是犯罪。"这意味着用了社会资源，却没有为社会做出贡献，出现亏损是可耻的。

所以每周、每月都要计算损益分歧点的销售额，并加以优化（损益分歧点降低），如果损益分歧点销售额变得越来越大，意味着进入天堂的门槛越来越高。对部门长而言，虽然销售额评价重要，但是对损益分歧点销售额的评价更加重要。

4. 优化对策（见图3-3）

$$损益分歧点销售额 = \frac{固定费}{边界利益率}$$

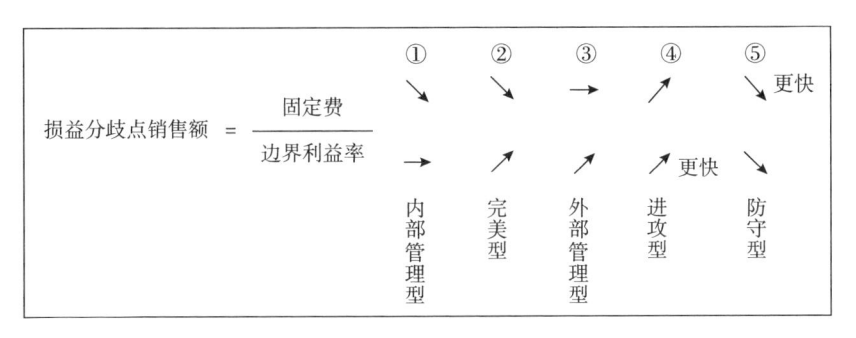

① 内部管理型
② 完美型
③ 外部管理型
④ 进攻型
⑤ 防守型

图3-3 5种优化对策

对策①：降低固定费，边界利益率不变（内部管理型）。

对策②：降低固定费，提高边界利益率（完美型）。

对策③：固定费不变，提高边界利益率（外部管理型）。

对策④：固定费提高，边界利益率提高得更快（进攻型）。

对策⑤：固定费下降，边界利益率下降得更快（防守型）。

上述5种对策，体现的是总经理与部门长的经营风格不同。企业不同的区域、不同的店铺、不同的团队所直面的问题是不一样的，参考上面的优化对策，对各部门长和骨干的管理风格进行认识、分类，再根据不同问题，配置合适的人员。

例如，企业所直面的市场分为A、B两个区域。企业开发A区域的时间长，品牌覆盖力强，市场占有率高（70%），店铺很多，在这种情况下要选择对策②，也可以选择对策⑤或对策③。企业刚刚进入B区域，品牌覆盖力弱，市场占有率低（5%），店铺很少，在这种情况下要选择对策④，如果选择的是防守型的管理人员，这个市场就很难打得开。

经营总经理一定要不断地跟团队长强调损益分歧点的意义，其不仅仅是计算出来的数字，更是企业天堂与地狱的交叉点。因此，企业要做的就是把损益分歧点的销售额降下来，为此经营总经理就要做到知人善用。

五、阿米巴损益分歧点安全度意义与评价标准

1. 损益分歧点安全度的含义与计算方法

只要固定费与边界利益率不发生变化，销售额的增加超过损益分歧点，由此所增加的边界利益都将成为经营利益。一旦销售额的下降超过损益分歧点，则会发生与边界利益相应的纯亏损，这就是损益分歧点含义之所在。

以计数的方式表示损益分歧点销售额与实际或计划销售额之间关系的方法就是"损益分歧点安全度"的计算方法。也就是说，表示实际或计划销售额与损益分歧点销售额之间较差的关系的计数就是损益分歧点安全度。

有两种方法：一是以实际或计划销售额为基准，以比率来表示损益分歧点销售额；二是以分歧点销售额为基准，以比率表示实际或计划销售额。

方法一：损益分歧点安全度 $= \dfrac{损益分歧点销售额}{实际（计划）销售额} \times 100\%$

方法二：损益分歧点安全度 $= \dfrac{实际（计划）销售额}{损益分歧点销售额} \times 100\%$

下面我们举例分析方法一、方法二的差异。

A企业损益分歧点销售额是5200万元，下年计划的销售额为6400万元，请求出该企业的损益分歧点安全度。

方法一：损益分歧点安全度 $= \dfrac{5200}{6400} = 81.3\%$

方法二：损益分歧点安全度 $= \dfrac{6400}{5200} = 123\%$

根据方法一求得的损益分歧点安全度为81.3%，根据方法二求得的损益分歧点安全度为123%。哪种方法更合理呢？

对于企业经营的固定性要素，我们设定为显示市场较差竞争力的"边界利益率"，以及显示企业人力、物力、财力体制现状的"固定费"。相比之下，可将销售额视为有挑战性的目标，视为可变性数值。如果这样理解的话，那么把以固定费与边界利益率为基准而计算出来的损益分歧点销售额视为基准数值才是妥当的，因此，采用方法二计算损益分歧点安全度较为合理。

然而，不知何种原因，在现实中，企业大多采用方法一，所以我们也以方法一为准来展开后面的内容。

2. 损益分歧点安全度的意义

因为后文中的损益分歧点安全度都以方法一表示，所以要先理解如下关系：

损益分歧点安全度 > 100%，亏损

损益分歧点安全度 = 100%，经营利益为 0，不亏不赚

损益分歧点安全度 < 100%，盈利

损益分歧点安全度体现了企业经营距离天堂和地狱的远近，也体现了企业经营收益的安全性。也就是说，损益分歧点安全度越小越安全，越大越危险。

3. 损益分歧点安全度的评价标准（见表 3-6）

表 3-6 损益分歧点安全度的评价标准

评价等级	标准	安全性
SA	<65%	优
A	65%~75%	良
B	75%~85%	中
C	85%~95%	可
D	>95%	差

损益分歧点安全度能够小于 65%，意味着企业收益构造很安全，评价就是"优"。由于每月销售额波动 5%~10% 是经营常态，如果损益分歧点安全度大于 95%，意味着企业收益很不安全，所以评价就是"差"。

对总经理和部门长而言，不能单纯地对销售额的多少进行评价。比如，

部门长增加销售额通常有两种方法：一是通过降价来增加销售额，边界利益率必然就会下降；二是通过增加营销人员来增加销售额，固定费必然就会增加。因此，在增加销售额的同时，可能会出现以下几种情况：

- 销售额增加，同时损益分歧点安全度优化（◎）；
- 销售额增加，同时损益分歧点安全度不变（○）；
- 销售额减少，同时损益分歧点安全度优化（△）；
- 销售额增加，同时损益分歧点安全度恶化（×）；
- 销售额减少，同时损益分歧点安全度恶化（××）。

（◎很好　○好　△一般　×差　××很差）

销售额评价固然重要，但更重要的是要对损益分歧点安全度进行评价。尽管要追求销售额的增加，但也尽可能不要以损益分歧点安全度的恶化为代价。一定要将损益分歧点安全度作为部门长、区域经理、总经理重要的评价项目。如果企业所直面的市场处于快速扩张阶段，单纯关注销售额问题不大。但是如果市场竞争加剧，增长速度放缓，企业就必须关注损益分歧点安全度。

损益分歧点安全度评价标准没有行业、国界、历史、规模大小之分，具有普遍意义。企业每个月都有必要计算损益分歧点安全度，并加以评价。

4. 改善损益分歧点安全度的方法

当损益分歧点安全度不好的时候，就要研究对策并对其进行改善。将处于差状态的损益分歧点改善为良好，其方法可以简单地通过分析损益分歧点安全度的计算过程求得。

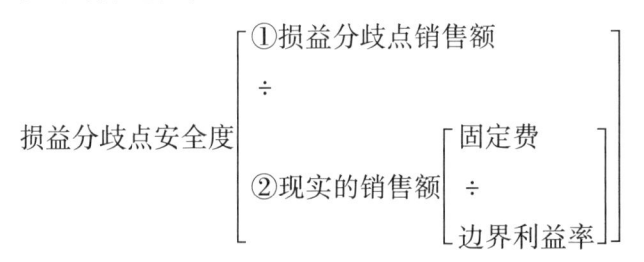

$$\text{损益分歧点安全度} \begin{bmatrix} \text{①损益分歧点销售额} \\ \div \\ \text{②现实的销售额} \end{bmatrix} \begin{bmatrix} \text{固定费} \\ \div \\ \text{边界利益率} \end{bmatrix}$$

因此，损益分歧点安全度的改善可从下列三个因素着手：

- 增加现在的销售额；
- 提高现在的边界利益率；
- 减少固定费。

六、 阿米巴损益分歧点图的含义、画法及意义

1. 损益分歧点图的含义

可以将损益分歧点的计算过程通过图示的方式表现出来，这样一来，我们可以看得到损益分歧点的变化。

2. 损益分歧点图的画法

假设企业销售额50万元，变动费30万元，边界利益20万元，固定费10万元，经营利益10万元，如图3-4所示。

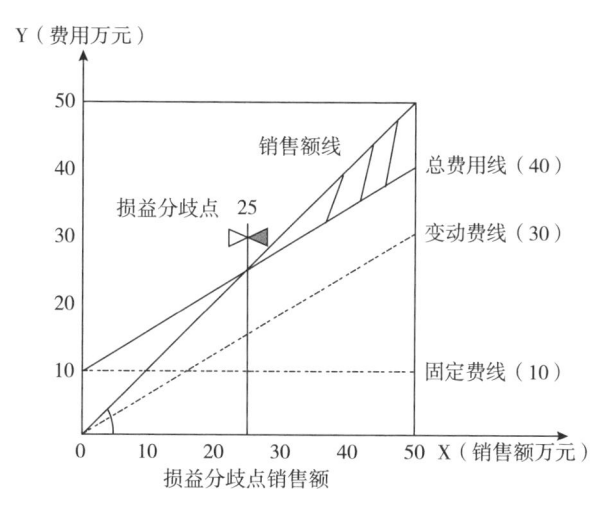

图3-4 损益分歧点图

损益分歧点图的画图步骤如下所述。

第一步：画出横轴（X轴，代表销售额）和纵轴（Y轴，代表费用）。

第二步：对横轴和纵轴取相同的单位数值。

第三步：画出相应的正方形。

第四步：画出固定费线（当销售额是0元时也要发生的费用），它是与X轴平行的一条线。

第五步：画出变动费线，变动费是与销售额成正比例发生的费用。

第六步：画出总费用线（总费用＝固定费＋变动费）。

第七步：画出对角线，将之命名为销售额线。

第八步：销售额线和总费用线的交叉点，就是损益分歧点。

第九步：画出损益分歧点的图示：▷◁

第十步：画出利润区间（图中阴影部分为利润区间）。

3. **损益分歧点图的意义**

俗话说"耳听为虚，眼见为实"，比起耳朵听到的，人更相信眼睛看到的。因此，损益分歧点图将企业费用与利润区间的变化视觉化。通过损益分歧点图，企业来判断收益构造的问题到底是什么？比如，这个月的利润区间变小，就可以直接通过图来判断利润区间变小是由固定费增加造成的，还是由边界利益率下降造成的。因而，损益分歧点图被称作经营的指南针，企业至少每个月画一次。

第三节
阿米巴经营管理会计的业态分类和损益构造

一、理解阿米巴损益表上部构造和下部构造（见图3-5）

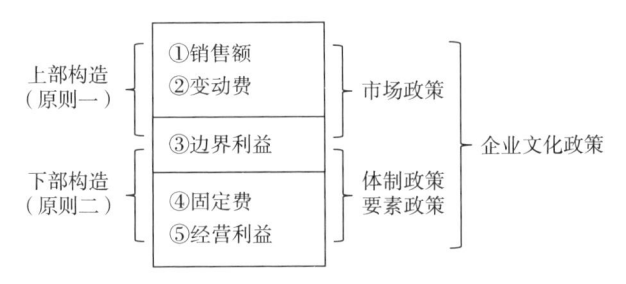

```
上部构造    ①销售额       市场政策
（原则一）   ②变动费                    企业文化政策
下部构造    ③边界利益     体制政策
（原则二）   ④固定费       要素政策
            ⑤经营利益
```

图3-5 经营管理会计损益表的构造图

经营管理会计损益表由两部分构成，损益表的上部构造（边界利益以上的构造部分）体现的是原则一。上部构造的特征是边界利益对应销售额的增减而成比例地变化，它在计算上与下部构造没有关系，随着销售额的增加，边界利益可以无限度地增大。

损益表的下部构造（边界利益以下的构造部分）体现的是原则二。下部构造的特征是固定费是固定的，以固定费的多少为界限，当边界利益低于固定费界限时，就会发生与边界利益不足部分等额的纯亏损；当边界利益超出固定费界限时，则会出现与边界利益超出部分等额的经营利益。

经营政策由市场政策、体制政策、要素政策、企业文化政策构成。上部构造体现企业的市场政策：销售额、变动费和边界利益3个项目是市场政策实施结果的体现，根据这3个项目体现出来的数字，可以制订相应的市场政策。下部构造体现企业的体制政策和要素政策：边界利益、固定费、经营利益是体制政策和要素政策实施结果的体现，根据这3个项目体现出来的数字，可以制订相应的政策。上部构造和下部构造有机结合起来体现的是企业文化政策，经营管理会计的5个项目跟经营政策是相互连接的。

二、阿米巴损益构造的含义与损益构造分析

1. 损益构造的含义

一般而言，损益表是用来显示一定期间，企业整体或企业的某个部门的经营活动成果的表格。在前面的章节中已经谈到，由于财务会计的表现手法与经营管理会计的表现手法不同，所以经营管理会计损益表中费用的第二次分类方法是不同的。虽然其名为经营管理会计的损益表，但同时它也是用来显示一定期间（1年或6个月或1个月）企业整体或企业的某个部门的经营活动成果的表格。

以企业为研究对象时就会发现，不同的企业会有不同的损益表，其表述的内容绝对是该企业所特有的。我们不可能从某企业之外的其他企业中找到一份与之完全相同的损益表。

但是，如果仔细观察人脸就会发现，在某种程度上，脸形可以按照某种特征分类，如圆脸、国字脸、瓜子脸等，并且会发现眼睛、鼻子、嘴唇等也趋于公式化，最后会发现脸部特征也是可以公式化的，甚至可以凭借脸部特

征去推断人的性格。

同样的道理，按照一定的规则来分类，区分和排列收益和费用的各个项目，并对损益进行计算的经营管理会计损益表也应该可以明确地将企业的"脸相"公式化。我们对经营管理会计损益表加以分析研究后，就能判断该企业的经营体质和特征。

如上所述，我们将把经营管理会计损益表公式化，思考并分析潜藏在公式中的特征的过程，称为"损益表的构造分析"，并将该损益表的边界利益率的存在方式、固定费用的存在方式、经营利益的存在方式称为"损益构造"。

2. 损益构造分析

损益表的构造分析就是对企业（边界利益率、固定费、经营利益）做体检，相当于我们对身体进行检查（如身高、体重、肝脏、视力等状况）。企业必须以月度为单位，每年12次地进行损益表的构造分析（体检），从而把握企业的体质（边界利益率、固定费、经营利益）的优点及不足，明确下个月或下一年费用支出的重点及对策。

三、 边界利益率与业态的关系

下面来研究损益表的"面相"。相同业态的损益表来自完全不同的企业，虽然计算期间相同，但销售额与费用总额都是不相同的，当然经营利益额也是不同的。

按照业态类别，我们将企业分为制造业、批发业、零售业三大类并举例说明，不同的业态，边界利益率、固定费率、经营利益率是不一样的，从而通过损益表的构造分析把握不同业态的特点，见表3-7。

制造业企业损益构造的特征是边界利益率总体来说很大，为30%~50%，变动费率为70%~50%。变动费因外包程度或自己加工程度的不同而有所变化。固定费对销售额的比率即固定费率，远大于其他业态的企业，通常为30%~45%。

表3-7 三大业态的损益构造的特征表

项目特征	业态		
	制造业	批发业	零售业
①边界利益率	30%~50%	10%~20%	18%~35%
②变动费率	70%~50%	90%~80%	82%~65%
③固定费率	30%~45%	7%~15%	16%~30%
④经营利益率	5%~20%	3%~13%	2%~19%

批发业企业损益构造的特征是边界利益率总体来说较小，为10%~20%，变动费率为90%~80%，变动费中超过80%的部分为销售成本是这个业态的特征。固定费对销售额的比率，远小于其他业态的企业，为7%~15%。

零售业企业损益构造的特征是边界利益率总体小于制造业企业，但大于批发企业，为18%~35%，变动费率为82%~65%。变动费又因零售行业中各种销售方法的不同而不同。以店铺为中心的零售行业企业，销售成本在变动费中占有最大比例。在无店铺的销售状况下，销售成本在变动费中占的比例相对较小，而用于促销的各种费用会有所增加。固定费对销售额的比率较大，接近生产厂家。这个固定费率为16%~30%，其中人工费和设备费所占比例大。

对比日本企业和中国企业的边界利益率会发现：日本企业的边界利益率靠近上限，经营利益率靠近下限；中国企业的边界利益率靠近下限，经营利益率靠近上限。原因就是固定费率不同，固定费最大的区别在于人工费不同。日本企业的固定费率相当高，因此，日本企业必须努力提高边界利益率，所以边界利益率会靠近上限，但是因为固定费相当高，经营利益率会靠近下限。中国企业的固定费相对日本来说处于较低的状态，但中国企业更多进行的是商品同质化的竞争，所以边界利益会越来越少，从而使得中国企业的经营利益率从靠上限往下限发展。但是，如果现状的边界利益率、经营利益率同时处于下限，这样的企业还不进行变革，就必然被淘汰。

四、个别行业细分业态及其损益构造的特征

1. 制造业的细分业态及其损益构造的特征

（1）制造业的业态分类

A 类：完全自己制造、自己供货的企业（OEM 企业）。这种业态的企业，一般都有自己的工厂和制造设备，自己购买原材料，以自己的技术生产产品，几乎不具备营销机能，只是将自己生产出来的产品供给特定的顾客。当然，因为交易方法的不同，也存在着能销售的企业。这类企业有很多，如富士康等 OEM 加工企业。

B 类：完全自己制造、自己营销的企业（自产自销）。一般都有自己的工厂和制造设备，自己购买原材料，以自己的技术生产产品，通过自己的营销组织努力扩大销售，如格力、美的、华为等。

C 类：完全外包制造、自己营销的企业（企划制造企业）。这种业态的企业，一般自己开发制造企划（工艺技术）和商品企划（开发设计），实际的制造机能外包给承包企业。一般来说，非常重视营销机能，批发业态的营销组织比较充实。所说的"企划制造企业"就是这类企业，其特点是：商品企划（商品开发、商品设计）机能很强；制造企划（工艺技术）机能很强；制造机能外包；营销机能很强，营销特点是提案型营销，卖的不是产品，而是顾客问题的解决方案，通过卖方案把产品卖出去。

例如，日本有一家企业叫基因士（KEYENCE），生产工厂自动化传感器。同行的股票是每股 100 日元，基因士的股票每股 3.5 万日元。员工录取比例平均是 100∶1。该公司以目录和拜访营业为主，销售人员叫作销售工程师，其拜访对象不是工厂的采购主管，而是技术部主管或总经理，其关注要点是顾客企业的远景，将来的生产规模，将要生产的产品种类，从而把握顾客企业 3 年后状况与现状的差距。通过现场考察，把握顾客企业的特点，销售人员做出解决方案，这是围绕顾客问题提供的最佳方案，方案中可用基恩士的产品，也可用同行的产品。因为工厂转移，这种类型的企业会越来越多，如基因士、米思米、苹果、小米、优衣库等。

D类：完全加工制造、承包生产的企业（来料加工）。这种业态的企业，具有自己的制造设备，主要以自己的技术进行加工，加工的原材料由关系企业提供。其特点是销售额就是加工的产量。一般来说，它以特定的制造企业作为营销机能的对象。这类企业一般是来料加工企业，又称"三来一补"。"三来"指的是技术、资金、原材料，"一补"是补贴。

（2）制造业企业的变动费科目

如果能测定制造业企业的变动费的科目内容及其金额，就能计算出变动费对销售额的比例（变动费率）；如果能把握变动费率的变化，就可以把握制造业企业的边界利益率。

如上所述，制造业有4种业态。我们将对这4种业态的变动费的一般项目进行研究，见表3-8。

表3-8 制造业的4种业态及其变动费

特征及变动形态	制造业态			
	（A类）OEM企业	（B类）自产自销	（C类）企划制造	（D类）来料加工
技术	重视自己固有的技术	重视自己固有的技术	重视自己固有的技术	重视自己的加工技术
设备	有自己的设备，可租赁	有自己的设备，可租赁	原则上没有自己的设备	有自己的加工设备，可租赁
制造机能	完备	完备	原则上没有	完备（加工）
商品企划开发机能	有	有	非常重视	原则上没有；有加工技术开发
原材料的采购	自己实施	自己实施	自己实施，提供给外包企业	由订单企业提供
营销机能	弱	有较强的批发机能	有较强的批发机能	弱，不需要营销机能

续表

特征及变动形态		制造业态			
		（A类）OEM企业	（B类）自产自销	（C类）企划制造	（D类）来料加工
变动费科目	原材料费	○	○	○	△
	辅助材料费	○	○	○	△
	部件费	△	△	△	—
	包装材料费	○	○	○	○
	加工损耗费	○	—	—	○
	制造运输费	△	△	○	△
	外协加工费	○	○	○	○
	退货损失	△	△	△	△
	回扣费	△	△	△	△
	促销费	—	○	○	○
	销售手续费	△	△	△	—
	存货损失	○	○	○	—
	贷款回收损失	△	△	△	△
	业务资金利息	○	○	○	○
变动费标准水准范围		60%~70%	60%~70%	50%~65%	65%~75%
边界利益率标准水准范围		30%~40%	30%~40%	35%~50%	25%~35%

○有　△有时候有　—没有

不同的业态，其变动费的科目及构成也是不同的。因此，可以通过变动成本之外的其他变动费科目的构成，来判断该企业业态的特征。这4种业态中，边界利益率最高的是C类企划制造企业，达到了35%~50%，最低的是D类来料加工企业，边界利益率在25%~35%。

两者相差10%~15%的边界利益率，根本原因就是C类企划制造企业有"商品企划开发机能"，而D类来料加工企业没有"商品企划开发机能"。这就告诉我们，未来哪一家企业更关注商品企划开发机能，其边界利益率就会越来越高。第二个导致边界利益率有差异的原因是营销机能的强弱，C类企业有"有较强的批发机能"，D类企业"营销机能弱"，所以想要提高边界利益率，也要强化营销机能，换言之，企业要不断靠近顾客。第三个差异较大的项目是设备，C类企业"原则上没有自己的设备"，而D类企业"有自己的加工设备"，所以想要提高边界利益率就要尽可能把握住固定资产的投资。第四个差异较大的项目是技术，C类企业"重视自己固有（独特）的技术"，而D类企业"重视自己的加工（设备）技术"，所以想要提高边界利益率就要在设备的使用、改善方面做出自己的独特技术。

2. 批发业（流通业）的细分业态及其损益构造的特征

流通行业包括除去制造行业外的，介入流通过程的商社（贸易公司）及批发行业和零售行业。下面我们将根据其机能对流通行业的业态进行分类，以便于进行经营管理会计的研究。

（1）批发业的业态分类（见表3-9）

表3-9 批发业的业态分类

序号	机能	业态分类	
		商社（贸易公司）	批发商（经销商）
1	信息传达机能（对客户企业）	○	△
2	金融机能（信贷提供机能）	○	△
3	市场开发机能	○	△
4	商品开发机能	○	△
5	接受订货的中介机能	○	○
6	原材料供给机能	△	△
7	商品配送机能（物流机能）	—	○
8	商品促销机能	△	○
9	对客户企业进行经营指导的机能	—	○
10	库存机能	△	○

○程度强　△程度弱　—没有

我们可以将批发行业细分成商社（贸易公司）业态和批发业业态。两者的区别是：商社（贸易公司）重视对客户传达信息的机能、金融机能（信贷）等两大机能，并亲自参与从商品开发到市场开发的各个环节，对于流通起到了重要的作用；对批发业企业来说，上述两大机能处于从属地位，其主要机能是通过库存，接受订货、发货、货款、回收等环节具体地实践其应担当的流通机能。

（2）批发业企业的变动费科目

理解批发业的变动费用的科目，选择适合各企业的变动费用项目，把握与之相关的计数的实际业绩，我们就会清楚变动费相对于收益（销售额）的比例即变动费率。我们要研究商社（贸易公司）和批发业的变动费率的一般性倾向值，才会明白各种业态的边界利益率的一般倾向值，见表3-10。

表3-10 批发业的两种业态及变动费科目

费用项目			业态	
			商社（贸易公司）	批发商（经销商）
销售成本			○	○
其他变动费	消极性	①创意费用（专利费用）	△	△
		②剩余货品损失（甩卖损失）	△	○
		③退货损失	△	○
		④呆账损失	○	○
		⑤包装运送费用	△	○
		⑥回扣费	○	○
	积极性	⑦促销费用	○	○
		⑧展销促销费用	—	○
		⑨商品介绍册费用	—	○
		⑩销售手续费（返利）	○	○
		⑪业务资金利息	○	○
变动费率标准水平的范围			85%~95%	80%~90%
边界利益率标准水平的范围			5%~15%	10%~20%

○有 △有时候有 —没有

从表3-10可知，商社（贸易公司）的边界利益率一般在5%~15%，批发商（经销商）的边界利益率为10%~20%，相差5%左右。批发商（经销商）边界利益率较高的原因是：其他变动费科目及其构成不同（变动费分成了销售成本和其他变动费），营销业态的特征也不同，通过展销促销费用和商品介绍册费用的比较，可以看出批发商（经销商）有展示会销售业态，而商社（贸易公司）没有。越靠近顾客的企业，其边界利益率就越高，如果企业只是做贸易，其他的不管，意味着企业离顾客远。反之，如果企业关注商品开发、促销和对客户企业进行经营指导，就意味着企业靠近顾客的程度越来越高，边界利益率自然就会越来越高。

实际上，有些商社（贸易公司）的边界利益率低于5%，有些批发商（经销商）的边界利益率低于10%，还有的仅有5%左右。这些企业都要尽最大努力使边界利益率达到标准值的范围。

3. 零售业（流通业）的细分业态及其损益构造的特征

（1）零售业的业态分类（零售业是流通业的最后阶段）

零售业的范围是非常大的，百货商店、批量零售店（量贩店）、专卖店……都属于零售业。另外，访问销售（送货上门推销）、展示会推销、电子商务也属于零售业业态。零售业的本质不是商品和商品的竞争，而是业态的竞争。

在此对业态进行分类的目的，就是要研究变动费科目的分类思路，以及由此引发的边界利益率的差异。从营销机能的角度以及和经营管理会计的计数体系研究一致的角度，我们将零售业分成两大类：有店铺销售业态和无店铺销售业态。理由是，这两大类零售业业态的变动费科目和边界利益率有较大的差异，而且有店铺销售业态和无店铺销售业态是有本质区别的。

①有店铺销售业态包括百货商店、批量零售店（量贩店）、专卖店，普通店铺业态等。这种业态的企业是在某地建立一个有一定面积的店铺，展示商品，由店员接待顾客并向顾客销售商品。因为商品的种类和数量、店铺面积、展示方法、接待顾客的方法等不同，可以分为百货商店、批量零售店（量贩店）、专卖店、普通店铺等，见表3-11。

店铺业态要素=商品种类×商品数量×店铺面积×店铺气氛×待客方法，上述要素若有一个发生根本性变化，就意味着新的店铺业态诞生。除了上述的业态以外，还有购物中心业态、便利店业态、生活方式提案店业态等。

表 3-11 有店铺销售业态的分类（部分）

比较项目	业态			
	百货商店	批量零售店（量贩店）	专卖店	普通店铺（士多店）
商品种类	所有家庭用生活资材	所有家庭用生活资材	特定的生活资材	限定范围内的生活资材
商品数量	多	多	多	少
店铺面积	大	大	小	小
店铺气氛	高级化	大众化	高级化	大众化
待客方法	面对面直销	自选	面对面直销	面对面直销
实例	广百、友谊商店	吉之岛、永辉、沃尔玛、百佳	李宁、安踏	杂货店、食品店

购物中心业态的特点融合了百货商店、批量零售店（量贩店）、专卖店、便利店、饮食、电影、娱乐等特点。其本质是时间消费，顾客群体特点是有闲、有钱，强调的是体验的价值和购物过程的感受。购物中心业态提供给顾客的不是商品的价值，而是体验价值。购物中心业态将成为未来中国零售业态最重要的组成部分，如万达、大悦城、奥特莱斯等。

便利店业态的特点是处于专卖店和士多店之间，满足顾客便利性（交通便利、选择便利、结账便利、使用便利）的需求，顾客群体是 90 后。90 后花在家务上的时间会大幅减少，所以便利就成为非常大的需求。

生活方式提案店业态的特点是处于批量零售店和专卖店之间，根据顾客需求选址，根据顾客喜欢的商品选择供应商，生活方式提案店本质卖的不是商品，而是一种生活方式，如无印良品等。

②无店铺销售业态与有店铺销售业态完全不同。顾名思义，没有销售店铺是该业态的特征，因而其销售方式多为直接寄送广告的直销形式，上门推销方式，以及展示会销售方式（见表 3-12）。在有店铺销售业态中，店员是在店铺中等待顾客的光临，而无店铺销售采用了更加积极地接触顾客的方式。不过，相对于有店铺销售而言，无店铺销售因缺乏店铺，需要在争取顾客信任方面做出更多的努力。最近，无店铺销售业态的成长非常引人注目。

表3-12 无店铺销售业态的分类（部分）

比较项目	业态			
	通信销售（邮寄）	目录销售	访问销售（上门推销）	展示会销售
商品内容	特定商品不特定数目	特定商品不特定数目	特定的生活资材	特定的生活资材
促销方法	寄送说明书、说明图册	寄送目录，或直接发送到顾客手中	推销员逐户上门促销	临时设立展销场地，吸引顾客购买
接受订购方法	依据寄回的申请书、接受电话订货	依据寄回的申请书、接受电话订货	当场接受订货、通过面谈接受订单	在展示会场销售
送货方法	邮送或以其他方式寄送	邮送或以其他方式寄送	现场销售、日后送货	现场销售
收款方法	通过邮局或银行转账、分月收款	通过邮局或银行转账、分月收款	现金或银行转账、分月收款	现金或银行转账、分月收款
劳动集约度	小	小	大	大
信息系统集约度	高	高	低	低
实例	卫生用具、健身器械、化妆品	礼品目录、装饰用品目录	化妆品、保险、汽车	珠宝首饰、食品

有店铺销售业态要在电商（无店铺）业态快速发展的时代成长发展，就必须将店铺转化成获取顾客信任的场所，正所谓"跑得了和尚，跑不了庙"。

无店铺业态与有店铺业态相比，由于缺乏了获取信任的场所，因而要更加积极主动地接触顾客。

通信销售业态的做法是，企业拿到顾客的联系方式后，会邮寄一个信封到顾客家里。信封一般装有三种物品：一是企业的介绍（含理念、愿景等）；

二是产品介绍;三是样品。该业态的特点是:产品通常在店铺和网上是买不到的,只有通过邮寄方式才能买得到;企业规模虽然不大,但是顾客特别忠诚。

目录销售业态的特点是,目录做好后,放到美容店、地铁站、书店、电影院等顾客经常出入的场所,或者放在收银台旁让顾客自由取阅,针对 VIP 客户还会免费寄送,如米思米、基恩士等。

电话销售业态的销售方式,如某些证券公司会招 100 人,要求这些人一天打 100 个电话,名单上会有 150 个联系人,今天打了电话,明天还要给同样的顾客打电话,后天仍然如此。可能 100 个人中有 70 个人拒绝,明天还要继续给这些拒绝的顾客打电话,最后顾客看到企业这么热心,可能就答应对方拜访。阿里巴巴开始的时候也是这么做的。

网络(搜索)业态的企业有淘宝、天猫、京东、拼多多等。天猫式的网络销售业态已经严重同质化,因为要扩大流量,边界利益率下降,因此企业要开发新的网络业态来提高边界利益率,强调线上和线下的互动。比如,一些服装品牌通过线上和线下的结合,建立自己的销售业态(如小程序),充分活用实体店的顾客资源。

(2)零售业企业的变动费科目

零售业的业态主要分为有店铺销售和无店铺销售两大类。二者销售业态不同,变动费科目也大有不同,且相对于销售额的比率(变动费率)也大不相同。在有店铺销售业态中,百货商店、批量零售店(量贩店)、专卖店、普通店铺的变动费科目相差无几,但无论销售何种商品,其变动费率有比较明显的倾向,具体说来就是百货商店低、专卖店低,而批量零售店(量贩店)较高。

另外,在无店铺销售业态中,变动费科目的选择体现出一些差别。一般来说,劳动密集度高的企业的变动费用率高,劳动密集度低的企业的变动费用率低,见表 3-13。

从边界利益率的角度来分析,有店铺销售企业的边界利益率很少超过 35%,无店铺销售企业的边界利益率则必须超过 35%。

表 3-13 零售业销售业态的分类

变动费科目		销售业态	
		有店铺销售	无店铺销售
销售成本		○	○
其他变动费	销售回扣	○	○
	剩余货品损失	○	○
	退货损失	△	○
	盘点损耗	○	△
	销售手续费	—	○
	包装运送费	—	○
	展销促销费	△	○
	目录（商品介绍册）费	—	○
	通信费	—	○
	其他促销费	△	△
	呆账损失	—	○
变动费率标准水平的范围		80%~65%	65%~55%
边界利益率标准水平的范围		20%~35%	35%~45%

○程度强　△程度弱　—没有

第四节
阿米巴经营管理会计边界利益率与市场较差竞争力

一、理解毛利益和边界利益的不同

首先，毛利益（率）是财务会计计算收益时的用语，边界利益（率）是经营管理会计使用的术语。接下来研究这两种计算的构造，见图 3-6。

财务会计损益表的毛利益是销售额减去销售成本的差额，是销售总利润

项目	毛利益	边界利益
含义	财务会计用语 　销售额 －销售成本 　毛利益	经营管理会计用语 　销售额 －变动成本 －其他变动费 　边界利益
流通业	销售额　　220 －销售成本　180 　毛利益　　40　　←一样→	销售额　　220 －销售成本　180 －其他变动费　10 　边界利益　30
制造业	销售额　　326 －制造成本　226 　毛利益　　100　　←不一样→	销售额　　326 －变动成本　101.1 －其他变动费　74.9 　边界利益　150

图3-6 毛利益和边界利益的计算及其差异

的简称。经营管理会计损益表的边界利益是销售额减去变动费（含变动成本和其他变动费）的差额。

①流通业的毛利益的计算：销售额－销售成本＝毛利益。流通业的边界利益的计算：销售额－销售（变动）成本－其他变动费＝边界利益。对流通业企业来说，财务会计的销售成本和经营管理会计的变动成本是一样的，而流通业企业还有"其他变动费"，如促销费、销售提成、销售差旅费等。因此，对流通业企业来说，财务会计的毛利益大于经营管理会计的边界利益。

②制造业毛利益的计算：销售额－制造成本＝毛利益。制造业的边界利益的计算：销售额－变动成本－其他变动费＝边界利益。对制造业企业来说，财务会计的制造成本和经营管理会计的变动成本是不一样的概念，财务会计的制造成本为原材料费（主、辅材料）＋直接人工费（计提工资、固定工资）＋设备设施的折旧费、维修费＋厂房租金＋生产用的水电费＋易耗品费，

其中有固定费也有变动费。经营管理会计中的变动费，就是将财务会计的"制造成本226"中属于"固定费124.9"的部分（如折旧费、租金、固定工资、易耗品费等）剔除出去，剩下的"101.1"才作为"变动成本"来管理。制造业企业还有"其他变动费"，如物流费、销售提成、促销费、销售差旅费等。因此对制造业企业来说，原则上经营管理会计的边界利益大于财务会计的毛利益。

当然，经营管理会计损益表可以设定经营管理会计意义上的毛利益（销售额－变动成本＝毛利益），但要说明的是两者有本质上的不同。

二、 理解边界利益率如何体现企业市场较差竞争力

我们将边界利益率称为企业的市场较差竞争力（可比较、可模仿的竞争力），也有人认为其正确称谓应该是"事业竞争力"，本书对此不做深入探讨，仅停留在"市场较差竞争力"这个定义的基础上。对同一行业、同一业态的两个企业比较时，通常会评价，边界利益率高的企业其较差竞争力比边界利益率低的企业更强。

例如，A、B两家企业都从事食品包装设备（速冻饺子）的销售，并以相同的价格从相同的设备生产厂家采购，以相同的价格销售产品。表3－14是A、B两家企业的年度业绩比较表。

表3－14　两家企业年度业绩比较表

项目	A企业 金额/万元	A企业 比率	B企业 金额/万元	B企业 比率	内涵	意义
销售额	1000	100%	1000	100%	体现营销能力（顾客把握能力）	顾客政策（顾客把握能力的构筑）

续表

项目		A企业		B企业		内涵	意义
		金额/万元	比率	金额/万元	比率		
销售成本（率）		500	50%	500	50%	采购能力（表现在对供应商的开发、管理、讨价还价能力），对于制造业企业是制造成本（体现商品力）	商品力政策（商品竞争力的构筑）
其他变动费（率）——业态竞争力	展示会费（率）	100	10%	50	5%	展示能力	业态政策（业态竞争力的构筑）
	接待费（率）	100	10%	50	5%	接待能力	
	物流费（率）	100	10%	50	5%	物流能力	
边界利益（率）		200	20%	350	35%	市场较差竞争力（事业竞争力）	

1. 根据上述表格的数据思考两个问题

问题一，从其他变动费科目及其构成来看，A、B两家企业的业态特征是什么？销售特点是什么？问题二，A、B两家企业哪一家的市场竞争力更强？强在哪里？强多少？

A、B两家企业是无店铺展示会销售业态的同行企业，销售方式是通过展示会（展示会费）获取客户的名片，因为设备的价格高，通常不会现场成交，企业后期会安排销售人员电话联系客户，与客户沟通，了解需求，在这个过程中，就会产生接待费。将设备从企业的仓库配送给客户的过程中产生物流费。

比较A、B两家企业，会发现市场竞争力更强的是B企业，强在B企业边界利益率比A企业高出15%。排查其他变动费（率）就会发现，A企业的展示会费率、接待费率、物流费率都比 B 企业高出一倍。所以，B 企业的较差竞争力（边界利益率）比 A 企业强在三个方面，即展示会费率低、接待费率低、物流费率低，因此，边界利益率体现的是市场较差竞争力。

2. 市场较差竞争力（边界利益率）的内涵

市场较差竞争力（边界利益率）对 A、B 两家企业来说，是由销售额、销售成本和其他变动费（展示会费、接待费、物流费）三个部分构成的。

第一部分：销售额的具体体现，A、B 企业是以相同的价格销售产品，销售额都是 1000 万元，可以说 A、B 企业的顾客把握能力（营销能力）是一样的。销售额体现了企业营销能力的强弱。

第二部分：销售成本率的具体体现，A、B 企业都是以相同的价格，从相同的设备生产厂家采购，销售成本率都是 50%，说明 A、B 企业的采购能力是一样的。销售成本率体现了企业采购能力的强弱。

采购能力 = 供应商开发能力 × 供应商谈判能力 × 供应商评价指导能力

第三部分：其他变动费率（展示会费率、接待费率、物流费率）的具体体现。

①展示会费率的体现，比如 B 企业花费 50 万元租了一个 50 平方米的展示厅，可以获得 1000 万元的销售额；A 企业花费 100 万元租两个 50 平方米的展示厅，才能拿到 1000 万元的销售额。很明显，B 企业的展示会能力更强，所以展示会费率体现了企业参加展示会的能力强弱。

展示会能力 = 展示会的选择 × 展示会位置的选择 × 展示会外观设计 × 展示会内部配置及商品展示设计 × 展示会服务展示 × 展示会待客能力。这六个方面的能力越强，展示会费率就越低。因此，要将经营管理会计的数字跟员工的能力进行连接。

②接待费率的具体体现，比如 B 企业花费 50 万元的接待费，可以实现 1000 万元的销售额，A 企业需要花费 100 万元才能实现 1000 万元的销售额。这说明 B 企业更会接待，所以接待费率体现了企业接待能力的强弱。不同的客户类型，相应的接待方式应该是不一样的。

接待能力 = 顾客信息 × 需求的事先把握 × 兴趣爱好 × 接待方式的选择

③物流费率的具体体现，比如 B 企业跟外面的物流公司建立了紧密的合

作关系，卖出一台设备，物流公司就派车拉一台设备，B 企业花费 50 万元可以配送 1000 万元的销售额。A 企业没有跟物流公司建立紧密的合作关系，每卖一台设备都要满城寻找物流公司，有时会找到一台可以拉两台设备的大车，所以要花费 100 万元才能配送 1000 万元的销售额。这说明 B 企业谈判或选择物流公司的能力更强，所以物流费率体现了企业谈判或选择供应商能力的强弱。

3. 市场较差竞争力（边界利益率）的意义

事业竞争力 = 顾客把握力 × 业态竞争力 × 商品力

较差竞争力 = 销售额 × 其他变动费 × 销售成本

市场政策 = 顾客政策 × 业态政策 × 商品力政策

事业竞争力也称市场较差竞争力，市场政策的目的是提高较差竞争力。完成销售额就要明确顾客政策（顾客是谁、顾客需求是谁），销售额的多与少体现的是顾客把握能力（营销能力）。为了把握销售成本率，就要明确商品力政策，商品力越强，销售成本就会越低，即商品力政策可以决定销售成本率。为了把握其他变动费率，就要明确业态政策，即其他变动费率的高低体现的是业态竞争力。各类政策的目的都是构筑相应的能力。

所以，市场较差竞争力 = 顾客把握力 × 业态竞争力 × 商品力。

对 A、B 企业来说，其顾客把握能力是一样的，商品力是一样的，不一样的是业态竞争力，具体表现在 B 企业的展示会费率、接待费率、物流费率比 A 企业都要强一倍，所以 B 企业的市场较差竞争力比 A 企业高 15 个百分点。

在经营活动的过程中，企业有必要充分活用经营管理会计，分析每一个科目对应的能力的优点及不足，有针对性地明确和实施对策。比如 A 企业要对营销人员进行培训，以提高员工的展示会能力，事先设定展示会费率的目标（如现在是 10%，3 个月后降到 8%），确定相应的培训内容、方式、讲师，3 个月后用数据来评价，从而判定培训效果。

三、 市场较差竞争力（边界利益率）发生变化的案例

从表 3-15 中可以发现，1992 年的销售额是 248 万元，2000 年是 325 万

元，销售额增长了31%。1992年的边界利益是94万元，2000年是98万元，边界利益增长了4.3%。从上述两个计数来看，销售额的增长速度远远高于边界利益的增长速度，这是不好的增长。

表3-15 同一企业的某阿米巴的较差竞争力逐年推移的情况表

年度	1992	1993	1994	1995	1996	1997	1998	1999	2000
销售额/万元	248	286	213	232	246	272	296	304	325
变动费/万元	154	176	142	156	169	187	206	212	227
△边界利益/万元	94	110	71	76	77	85	90	92	98
边界利益率	37.9%	38.5%	33.3%	32.8%	31.3%	31.2%	30.4%	30.3%	30.2%

　　销售额（表面的收益）
－　变动费（外流出企业）
　　边界利益（真正的收益）

变动费是外流出企业的费用，如从供应商处买材料，企业就要支付采购成本等。因此，销售额本身包含了外流出企业的费用，所以销售额不是真正的收益，而是表面的收益。表面收益的销售额减去外流出企业的变动费，最终得到的边界利益才是真正的收益。有些企业销售额很大，实际上都是在为供应商等赚钱，真正为自己企业赚的钱很少。该阿米巴表面收益的销售额增长了31%，但是真正收益的边界利益只增长了4.3%。

为什么边界利益增长的速度远远低于销售额的增长速度，原因是边界利益率在1993年达到最高，是38.5%，但这之后，边界利益率（市场较差竞争力）就一路下滑，最低是2000年，下降到了30.2%，最高与最低相差了8.3%。

通过数据来看，从1994年以后该阿米巴的销售额不断增长，但是市场较差竞争力却一路下降，这意味着该阿米巴的销售额是以牺牲市场较差竞争力（边界利益率）为代价来获取的，这种做法无异于杀鸡取卵，不可持续。

因此，企业不要急于单纯地追求表面收益销售额的扩大，而是要提高市场较差竞争力。唯有这样，才能获得可持续的销售额的增长。

四、影响边界利益率（市场较差竞争力）的内、外部因素

该阿米巴的市场较差竞争力1993年之后不断下滑，导致下滑的原因到底是什么？下面就分析影响市场较差竞争力（边界利益率）的内部、外部因素。

1. 影响边界利益率（市场较差竞争力）变化的外部因素

这些外部因素可分为三种。

第一种是狭义的市场较差竞争力下降，如品质、商品结构、服务、价格、交易条件的恶化；第二种是市场竞争关系激化，如过度竞争、促销会战、降价竞争、服务竞争激化；第三种是交易途径、销售业态的变化，如从直销到二次销售（做批发）、从近距离销售到远距离销售、从单纯业态到组合业态。以上三个因素互相影响、互相制约，促使变动费率上升、边界利益率下降。导致边界利益率（市场较差竞争力）下降的原因如下所述。

①商品价格无法被市场接受，必须降价销售——纯销售额下降，如降价促销，从而造成价格实质性的下降。

②低价格的商品群越卖越好，使商品结构发生了变化——销售成本率上升。

③不增加附加服务（甚至是过剩的）就销售不出去——其他变动费率上升，如商品价格没有上升，服务费增加，如要送货上门、包装精美等。

④展示会、促销、试用品的提供等销售方面的要求增加——促销费上升。

⑤出现剩余商品，剩余商品成为损失——销售成本上升。

⑥客户（经销商）对销售协助费等要求有所提高——其他变动费上升。

⑦采购成本上升，但不能反映在商品价格上——销售成本上升。

⑧如果支付条件不是有利于顾客便无法销售——支付利息即其他变动费上升，客户要求赊账期间越来越长。

⑨市场上的基本行情是供给开始大于需求。

这些因素的存在导致了边界利益率的下降，导致企业收益率的下跌。那么，各家企业边界利益率下降这一事实的背后原因，必须根据企业的实际经营状态来研究。

2. 影响边界利益率（市场较差竞争力）变化的内部因素

边界利益率亦因企业内部的因素而发生变化，通过下面的实例可以更好地理解这一事实。

（1）批发业企业的实例

A公司是某钟表生产厂家的批发商。钟表的采购单价为零售价（最终价格）的65%（零售价格为50000元的钟表，采购成本为32500元）。批发给零售店的价格为最终价格的75%。没有与销售数量相关的采购成本的降低，接下来看A公司以季度为单位的损益表（见表3-16）。

表3-16 A公司的损益表

科目		第一季度		第二季度		第三季度		第四季度	
		金额/万元	比率	金额/万元	比率	金额/万元	比率	金额/万元	比率
销售额	总销售额	2364	100%	2582	100%	2210	100%	2962	100%
	退货额	12	0.5%	20	0.8%	20	0.9%	30	1%
纯销售额		2352	100%	2562	100%	2190	100%	2932	100%
变动费	销售成本	2091	88.9%	2267	88.5%	1945	88.8%	2598	88.6%
	样品费	–	–	16	0.6%	7	0.3%	6	0.2%
	目录费	19	0.8%	18	0.7%	11	0.5%	12	0.4%
	展示会费	11	0.5%	38	1.5%	17	0.8%	23	0.8%
	销售奖励费	7	0.3%	10	0.4%	4	0.2%	–	–
	小计	2128	90.5%	2349	91.7%	1984	90.6%	2639	90%
边界利益		224	9.5%	213	8.3%	206	9.4%	293	10%

A公司损益表的横表头分了四个季度，纵表头是科目。纵表头的变动费包括销售成本、样品费、目录费、展示会费、销售奖励费，据此判断A公司的销售业态是参加展示会批发钟表。具体的销售特点是企业参加展示会（产生展示会费），带了样品和目录到现场（产生目录费），因为展示台很小，不可能展示所有产品，所以只能摆上样品（产生样品费），其他商品就让顾客参考目录，为了促进成交，进行现场销售奖励（产生销售奖励费）。四个季度里，边界利益率最低的是第二季度，只有8.3%；最高的是第四季度，达到了

10%。两者相差了1.7%。

这说明该公司的经营活动是在采购价格固定、销售价格亦受限制的状况下的批发活动。由于厂家给予区域的独占销售权，再加上市场竞争态势稳定，因此可判断影响边界利益率的外部因素已经基本消除。

尽管如此，边界利益率仍然出现很大的变化，这一点可以从第二季度的8.3%与第四季度的10%的差距中得到证明。因此，影响边界利益变化的因素应该是经营内部的因素。这种内部因素具体如下。

①第四季度的销售成本率比第二季度上升了0.1%。

②样品管理的优势使第四季度的样品费率比第二季度下降了0.4%。

③目录管理的优势使第四季度的目录费率比第二季度下降了0.3%。

④展示会政策及实施管理的优势使第四季度的展示会费率比第二季度下降了0.7%。

从根本上重新认识销售奖励金制度的实施，并中止该制度，中止之后的销售额没有下降，反而上升。也就是说，销售成本率虽然上升了0.1%，但变动费的其他科目都在下降，最终边界利益率提高了1.7%。以上都是内部管理的因素在发挥作用，所以通过加强内部管理可以提高边界利益率。

（2）制造业企业的实例

B公司为电子零件的承包制造业企业，向母公司提供的是单一产品，且单价固定，无须花费促销费、销售手续费等其他费用，同其他企业的竞争关系也不存在。下面来研究B公司以季度为单位的损益表（见表3-17）。

表3-17　B公司的损益表

科目		第一季度		第二季度		第三季度		第四季度	
		金额/万元	比率	金额/万元	比率	金额/万元	比率	金额/万元	比率
销售额	总销售额	2956	100%	2431	100%	2315	100%	2845	100%
	退货额	15.4	0.5%	54.3	2.2%	25	1.1%	15.4	0.5%
	打折额	–	0	–	0	–	0	–	0
纯销售额		2940	100%	2376.7	100%	2289.9	100%	2829.6	100%

续表

科目		第一季度 金额/万元	比率	第二季度 金额/万元	比率	第三季度 金额/万元	比率	第四季度 金额/万元	比率
变动费	原材料费	617.5	21%	522.9	22%	435.1	19%	509.4	18%
	辅助材料费	205.8	7%	190.1	8%	137.4	6%	169.8	6%
	包装材料费	58.8	2%	71.3	3%	45.8	2%	56.6	2%
	外包费	176.4	6%	166.4	7%	137.4	6%	141.5	5%
	专利费	58.8	2%	47.5	2%	45.8	2%	56.6	2%
	小计	1117.3	38%	998.2	42%	801.5	35%	933.9	33%
边界利益		1823.3	62%	1378.5	58%	1488.4	65%	1895.7	67%

变动费包括原材料费、辅助材料费、包装材料费、外包费、专利费，据此判断B公司属于完全自己制造、自己供货的制造业企业业态（OEM），具体的制造特点是，制造产品需要购买材料（产生原材料费、辅助材料费、包装材料费），因为生产过程中有一道工序需要外包出去（产生外包费），使用他人专利（产生专利费）。对比四个季度的边界利益率，最低的是第二季度，只有58%，最高的是第四季度，达到了67%，两者相差9%。

这说明假设没有季度决策的计算期间的计算误差，尽管外部因素，即价格、销售环境没有变化，边界利益率仍然出现变化。最低是第二季度的58%，最高是第四季度的67%，差额为9%。这主要是由下列内部经营管理的因素造成的。

①品质管理的彻底强化使得第四季度的原材料费率比第二季度下降4%。

②辅助材料管理的强化使得第四季度的辅助材料费率比第二季度下降2%。

③包装材料管理的强化使得第四季度的包装材料费率比第二季度下降1%。

④对外包企业的指导以及管理水平的提高，使得第四季度的外包费率比第二季度下降2%。

批发业企业和制造业企业的两则实例，说明了加强内部管理可以提高边界利益率（市场较差竞争力）。边界利益率不仅会因企业的外部因素发生变化，也会因内部因素发生变化。

外部因素会从长期的、基本的、结构性的角度影响边界利益率。换句话说，如果外部因素不解决，就会长期对边界利益率的下降产生影响。对于外部因素，企业要进行战略调整，比如开发新产品、新顾客、新业态、新区域市场，或从结构上改变销售途径。

内部因素会从短期的、表面的、局部的角度影响边界利益率。对于内部因素，企业要强化内部管理，比如强化原材料管理、品质管理、样品管理等，短期就能收到成效。

五、改变边界利益率（市场较差竞争力）的外部经营因素

如果说销售额是表面的收益，那么边界利益就是真正的收益。同业种、同业态的企业中，边界利益率高的企业，一般来说其经营体制也比较强。影响边界利益率的因素，可分为经营战略（外部）因素和经营管理（内部）因素两大类。那么应该如何更好地思考与外部因素对应的战略对策？我们举出3个例子进行说明。

1. **实例一：边界利益率与商品结构（产品结构）**

如何控制企业的商品结构是总经理对经营战略进行决策时应该思考的重要课题，因为，边界利益率会因商品结构的方式变化而发生很大的变化。

例：J公司是企划制造企业（外包制造、自己营销），将自己企划的室内装饰产品承包（外包）给其他企业生产，并通过全国性的营业网络来销售，对该商品根据顾客群体的不同分为五大类管理。

表3-18为2019年度与2020年度的实际业绩对比表。

表3-18 J公司2019年度和2020年度的实际业绩对比表

商品	时间	销售额/万元	商品构成	边界利益率	边界利益/万元	边界利益构成
A	2020年	228	8%	68%	155	14%
	2019年	106	4%	68%	72	8%

续表

商品	时间	销售额/万元	商品构成	边界利益率	边界利益/万元	边界利益构成
B	2020年	343	12%	52%	178	16%
B	2019年	159	6%	52%	83	9%
C	2020年	714	25%	40%	286	26%
C	2019年	529	20%	40%	212	23%
D	2020年	859	30%	32%	274	25%
D	2019年	1005	38%	32%	312	34%
E	2020年	714	25%	28%	200	18%
E	2019年	846	32%	28%	239	26%
计	2020年	2858	100%	38%	1093	100%
计	2019年	2645	100%	35%	918	100%

假设各商品的2019年度与2020年度的边界利益率没有变化。2019年销售额2645万元，2020年销售额2858万元，销售额增长了8.1%；但是边界利益增长了19.1%。边界利益的增长率远远大于销售额的增长率，说明这是好的增长。

$$销售额的增长率 = \frac{2858 万元 - 2645 万元}{2645 万元} \times 100\% = 8.1\%$$

$$边界利益的增长率 = \frac{1093 万元 - 918 万元}{918 万元} \times 100\% = 19.1\%$$

为什么边界利益的增长率大于销售额的增长率呢？原因就在于2019年的边界利益率是35%，2020年的边界利益率是38%，2020年比2019年提高了3%。这说明J公司销售额的增长，是通过提高边界利益率（市场较差竞争力）来获取的。

为什么J公司能做到通过提高边界利益率（市场较差竞争力）实现销售额的增长呢？从销售额的增长率来看，商品A和商品B的增长率是最快的，其次是商品C，对商品D和商品E是有意识地把其销售额的增长速度降下来。这样做的原因是商品A的边界利益率最高，达到68%，商品B的边界利益达到52%，商品D是32%，商品E只能是28%。也就是说，这是企业有意识的把边界利益率低的商品群（E 和 D）的销售额降下来。同时，把边界利益率高的商品群（A 和 B）的销售额的增长速度提上去。

商品结构优化是总经理在市场战略层面应该关注的重要课题之一，其目的是提高边界利益率。J 公司按照顾客群体的类别，对应明确的商品群，划分阿米巴组织。总经理明确了各个阿米巴的价值定位（商品 C 是吃饭的，商品 A 和商品 B 是赚钱的，同时也是发展的，商品 D 和商品 E 是撤退的），并有意识地将商品 D 和商品 E 的经营资源投入商品 A 和商品 B 中去，从而优化商品结构，提高边界利益率。

需要补充一点，产品价值定位不能单纯地根据边界利益率的高低来明确，还要结合其对应的外部市场的需求思考。

2. 实例二：边界利益率与销售业态体系的结构（流通业企业）

企业在多数状况下，一般是通过 1—3 种销售体系来销售自己的商品。零售业企业的销售体系基本上分为店铺销售和外销（送货上门推销）两种业态。批发业企业多采取再批发形态（区域批发途径），对大宗客户直销的形态。这种根据销售体系的类别来计算商品的销售额、边界利益及边界利益率的方法，有助于分析和理解企业合计的边界利益率（市场较差竞争力）的实际状态，对管理企业的经营也是非常有利的。

例：N 公司通过邮寄、送货上门推销，展示会推销的方式面向全国销售化妆品。这三种方式是无店铺销售形态。表 3-19 对该企业 2019 年度和 2020 年度的实际业绩进行了比较。

2020 年的销售额是 8830 万元，2019 年的销售额是 8270 万元，销售额增长了 6.8%，而边界利益增长了 7.1%，边界利益的增长速度大于销售额的增长，说明是好的增长。

表 3-19 N 公司销售体系类别边界利益率

科目	邮寄 2019 年	邮寄 2020 年	送货上门推销 2019 年	送货上门推销 2020 年	展示会推销 2019 年	展示会推销 2020 年	合计 2019 年	合计 2020 年
销售额/万元	4560	4890	1560	2510	2150	1430	8270	8830
对合计销售额比率	55.1%	55.4%	18.7%	28.4%	26%	16.2%	100%	100%

续表

科目		邮寄 2019年	邮寄 2020年	送货上门推销 2019年	送货上门推销 2020年	展示会推销 2019年	展示会推销 2020年	合计 2019年	合计 2020年
对销售额比率		100%	100%	100%	100%	100%	100%	—	—
变动费	销售成本/万元	1870	2053	640	1054	882	600	3392	3707
	比率	41%	42%	41%	42%	41%	42%	—	—
	其他变动费/万元	1003	1125	93	176	601	415	1697	1716
	比率	22%	23%	6%	7%	28%	29%	—	—
	小计	2873	3178	733	1230	1483	1015	5089	5423
	比率	63%	65%	47%	49%	69%	71%	—	—
边界利益/万元		1687	1712	827	1280	667	415	3181	3407
边界利益率		37%	35%	53%	51%	31%	29%	38%	39%

$$销售额的增长率 = \frac{8830 \text{万元} - 8270 \text{万元}}{8270 \text{万元}} \times 100\% = 6.77\%$$

$$边界利益的增长率 = \frac{3407 \text{万元} - 3181 \text{万元}}{3181 \text{万元}} \times 100\% = 9.87\%$$

为什么边界利益的增长率大于销售额的增长率呢？2020年的边界利益率39%，2019年的是38%，边界利益率提高了1%。这说明N公司是通过提高边界利益率（市场较差竞争力）来扩大销售额的。比较各销售业态体系的边界利益率，邮寄2020年比2019年下降了2%，送货上门推销2020年比2019年下降2%，展示会推销2020年比2019年下降2%，但为什么合计的边界利益率却由38%上升到39%呢？

从对合计销售额的比率来看，邮寄2020年和2019年占总销售额的比率几乎没有发生变化。但是送货上门推销2020年占总销售额的比率是28.43%，2019年只有18.86%，提高了近10%。同时，展示会推销2020年占总销售额的比率是16.19%，2019年是26%，下降了近10%。也就是说，企业有意识地把边界利益率高的（送货上门推销）销售额的增长速度提上去，把边界利益率低的（展示会推销）销售额降下来，从而使整个企业的业态结构发生变化。

业态结构的优化是总经理在市场战略层面应该关注的重要课题之一。N公司的总经理是按业态类别建立阿米巴组织的；总经理明确各业态类别的阿米巴的价值定位（吃饭、赚钱、发展、撤退），从数据来看，N公司把邮寄看作吃饭的事业，把送货上门推销看作赚钱的、发展的事业，展示会推销是撤退的事业。N公司总经理有意识地将经营资源从展示会推销阿米巴中撤出，集中投入送货上门推销和邮寄的阿米巴中。

对N公司来说，每一个业态的阿米巴的市场较差竞争力都在下降，但是企业整体的市场较差竞争力却在提高。这意味着N公司的事业结构竞争力不断优化。就像我们所熟知的田忌赛马的故事（田忌与齐王赛马），齐王有三匹马分别是大A（快）、大B（中）、大C（慢），田忌也有三匹马分别是小A（快）、小B（中）、小C（慢），田忌每个等级的马都要比齐王的马跑得慢一些。田忌采取的策略是用慢马对快马，用中马对慢马，用快马对中马，最后田忌取得整体胜利。事业结构竞争力就是一个事业做好了，就会带动其他事业做得更好的能力。

3. 实例三：边界利益率与生产技术的结构（制造业企业）

技术是制造业企业的生命线，一家企业是否强大，很大程度上依赖其核心技术能否领先同行。对生产同样产品的企业来说，生产线有旧的生产设备（技术），也有新的生产设备（技术）。

如果能按照旧生产线和新生产线的类别分类，对产品的产量（销售额）、变动费、边界利益（率）进行计算分析的话，就能够理解和把握各个项目的差异，特别是边界利益率的差异。

例：K公司是以日本东部为市场的食品加工企业（火腿肠），每天生产，每天配送产品。工厂里有两条生产线，一条是以旧技术和设备为基础的，一条是以最新的技术和设备为基础的。下表是工厂过去6个月的平均损益表（见表3-20）。

工厂给营销部门的销售价格是零售店销售价的75%（工厂和营销部门是内部交易制度，销售额的75%是工厂的收入，25%是营销部门的收入）；设备维护费按照产量的1%计算，实际按照发生金额扣除。

表3-20 K公司月平均损益表

	科目	金额/万元	比率
	销售额（产量）	23620	100%
变动费	主要原材料费	6377	27%
	辅助材料费	945	4%
	燃料费	1417	6%
	水费	236	1%
	包装材料费	472	2%
	直接人工费	1181	5%
	设备维护费	236	1%
	小计	10864	46%
	边界利益	12756	54%

当总经理看到表3-20时，他很难做出应对决策。这是因为，该损益表将新旧生产线产生的费用混在了一起，如果不分解，是看不到新旧生产线的真正具体的生产状态的。因此，总经理指示经营管理部部长，将表3-20按生产线类别（新、旧技术）进行分解，结果如表3-21所示。

表3-21 K公司按生产线分类的月平均损益表

	科目	旧生产线 金额/万元	旧生产线 比率	新生产线 金额/万元	新生产线 比率	合计 金额/万元	合计 比率
	销售额	8267	100%	15353	100%	23620	100%
变动费	主要原材料	2539.2	30.7%	3838.2	25%	6377.4	27%
	辅助材料费	330.7	4%	614.1	4%	944.8	4%
	燃料费	578.7	7%	838.5	5.5%	1417.2	6%
	水费	82.7	1%	153.5	1%	236.2	1%
	包装材料费	165.3	2%	307.1	2%	472.4	2%
	直接人工费	720.4	8.7%	460.6	3%	1181	5%
	设备维护费	159.4	1.9%	76.8	0.5%	236.2	1%
	小计	4576.4	55.4%	6288.8	41%	10865.2	46%
	边界利益	3690.6	44.6%	9064.2	59%	12754.8	54%

第三章 阿米巴经营管理会计

从表 3-21 我们可以看出，旧设备生产线的边界利益率是 44.6%，而新设备生产线的边界利益率是 59%，新旧边界利益率相差将近 15%，原因如下所述。

①主要原材料费率相差了 5.7%——可能是旧生产线损耗大。

②燃料费率相差了 1.5%——旧生产线能源的效率较低。

③直接人工费率相差了 5.7%——旧生产线自动化程度不够，依赖人力较多。

④设备维护费率相差了 1.4%——可能旧生产线经常坏，频繁需要维修保养。

这个事例说明了，由于生产技术构成比例的不同，制造业企业的边界利益率将发生很大的变化。在企业中也可以做同样的分析，一条新的生产线可以与旧的分开独立核算，比较之后就知道到底哪里可以改善，如何去改善。

技术革新是制造业企业赖以生存的生命线，决定企业的生死存亡。优化技术结构是总经理在市场战略层面应该关注的最重要的课题。K 公司是按照新、旧技术类别进行分类管理，相互比较从而更好地发现问题，通过技术革新解决问题，进而提高市场较差竞争力（边界利益率）。

小结

经营管理会计损益表的上部构造体现了市场政策，市场政策由顾客政策、业态政策、商品力政策三个部分构成，反映在经营管理会计损益表上的是如下三方面内容。

第一部分：销售可体现顾客政策（顾客是谁×顾客需求），顾客政策的实施决定了销售额的多少，销售额上不去，不单纯是营销人员不努力，企业要思考顾客政策制订得到底对不对。

第二部分：变动费分解成两类——销售成本/变动成本和其他变动费。

①变动成本体现的是商品力政策。商品力政策越好，变动成本率就越低。因此，需要明确商品力的特点及构成，如供应商的商品开发管理、评价管理、仓库管理、生产过程品质管理等。

②其他变动费及其科目的构成体现的是业态政策。建立业态力，需要开发不断靠近顾客方式或方法的体系。例如，连锁企业需要建立母店业态、子店业态、孙店业态。母店业态强调与顾客精神的靠近，如专业性强的母店可设计成一个研究机构，利用学术氛围牢牢吸引顾客。子店、孙店业态强调在业务层面与顾客的靠近。因此，要明确母店、子店各自的核心业态要素并加以构筑。

第三部分：边界利益率体现的是市场政策。因此，市场政策（战略）的真正目的不是获取销售额，而是提高市场较差竞争力。因为：

- 销售额不是一个单纯的数字，体现的是顾客把握力；
- 变动成本率不是一个单纯的数字，体现的是商品力；
- 其他变动费率不是一个单纯的数字，体现的是业态力；
- 边界利益率不是一个单纯的数字，体现的是市场较差竞争力。

因此，经营管理会计上部构造体现的是市场较差竞争力，企业不能长期以牺牲边界利益率为代价来获取销售额的增长。

第五节
阿米巴经营管理会计与生产力

一、 从发生形态理解费用分类

前面提到过，经营管理会计损益表由两部分构成：销售额、变动费、边界利益属于上部构造；边界利益、固定费和经营利益属于下部构造。上部构造体现的是市场政策，下部构造体现的是体制政策和要素政策。为什么会得出这样的结论呢？请大家带着这个问题阅读下面的内容。

费用分为变动费和固定费，具体见图3-7。

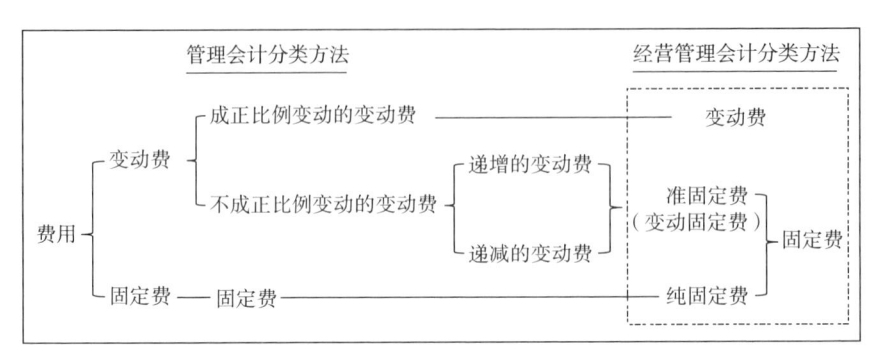

图 3-7 费用在管理会计和经营管理会计中的分类

1. 管理会计分类方法

企业把费用科目细分到三级、四级的时候，一般会有 60—100 个科目，规模大的有 100 个科目以上。这么多科目按发生的形态分成两大类：一类是与销售额成正比例发生的变动费；另一类是不与销售额成正比例发生的固定费。变动费又分成两种：一种是成正比例变动的变动费；另一种是不成正比例变动的变动费。而不成正比例变动的变动费又分成了两种：一种是递增的变动费；另一种是递减的变动费。

2. 经营管理会计分类方法

成正比例变动的变动费在经营管理会计中称为变动费；变动费中不成正比例变动的变动费（递增的变动费和递减的变动费）称为准固定费（变动固定费）。不与销售额成正比例发生的固定费称为纯固定费，纯固定费和准固定费统称为固定费。

3. 经营管理会计固定费相对于销售额的变化及其分类说明

（1）准固定费（变动固定费）

准固定费有两类：一类是伴随销售额的增加而相对增加的固定费，如管理人员的加班费、设备维修费等；另一类是随着销售额的增加而所占比例相对减少的固定费，如管理人员的通信费、差旅费、接待费、水电费、易耗品费、工具器具预备品费、办公用品费等。

（2）不与销售额成正比例发生的固定费（纯固定费）

虽说固定费不与销售额成正比例发生，但实际上也会因期间发生变化。以纯固定费中的折旧费为例，折旧费是以一年为单位而变化的费用，长期来看也是会变动的。但测定经营管理会计科目的变化时是以月度决算为基准的，因此，经营管理会计的计算也是以月为单位的。例如，员工工资、厂房租金、折旧费、租赁费、车船税、社会保险、全年合作的顾问费、利息等，会因计算期间变化而发生变化。

二、 可管理费和不可管理费的含义及其意义

在对费用进行第二次分类时讲过财务会计按"发生形态"形成，经营管理会计根据"发生目的"形成。那我们为什么要从发生形态理解经营管理会计的费用分类呢？就是为了理解和区分可管理费和不可管理费。

1. 含义

可管理费：对部门长而言，根据自己的责任、权限和能力可以管理的费用，称为可管理费。不可管理费：对部门长而言，根据自己的责任、权限和能力不可以管理的费用，称为不可管理费。

2. 意义

为了追求企业的成长发展，有必要分权。分权，就是对部门长的责任、权限、能力进行制度化确认。对部门长而言，分权的落地（实施和实现）有必要在权限上加以明确，而权限的明确要落实到部门长对本部门费用的可管理与不可管理及其标准上，最终在业绩合同上体现出来。

将固定费分为准固定费和纯固定费，就是为了更好地明确部门长对本部门所发生费用的可管理和不可管理。如果从可管理性与不可管理性的关系来考虑，准固定费为可管理费，纯固定费则为不可管理费。

3. **可管理费与不可管理费的界定水准**

（1）初级水准

对部门长而言，准固定费（如加班费、杂项津贴、一般福利费、设备维修费、通信费、差旅费、接待费、水电费、易耗品费、工具器具预备品费、办公用品费、店铺修缮费、燃料费、会议费等）是可管理的；而纯固定费（如员工基本工资、厂房租金、折旧费、租赁费、车船税、社会保险、全年合作的顾问费、利息等）是不可管理的。具体说明如下。

①当营销人员的工资由固定工资和提成工资构成时，对营销部负责人而言，营销人员的每个月的工资总额是可管理的。

②对工厂厂长或生产部负责人而言，水电费、消耗工具费、杂费及修缮费是可管理的。

③对销售部或营销部负责人而言，本部门发生的差旅费、通信费、接待费、办公用品费等是可管理的。

④对零售企业的店长或现场经理而言，本部门发生的水电费、店铺修缮费、接待费、会议费、消耗品费等是可管理的。

但是无论是对上述的哪一位负责人或部门经理而言，已经预定的设备费用，如折旧费、租赁费、按月度支付的人工费、固定资产的利息等都是不可管理的。

（2）中级水准

所发生的费用是否具备管理的可能性是相对的。极端地说，从企业的经营总经理的角度来看，所有费用都属于可管理费用。例如，折旧费可以通过处理设备来减少。因此，对应于各部门长所负责的部门，参照以下三个条件设定可管理和不可管理的标准。

第一个条件：属于负责部门的范围（分权限的范围）。首先设定企业中最小的核算管理单位（营业所、科、店铺等），明确最小的核算管理单位责任者的责任范围，如以科室作为最小的管理单位，该科室就要以顾客需求及该部门的核心技术能力为起点，梳理部门长的责任范围（岗位职责），并明确下来。因此，部门长碰到问题时，不会问总经理怎么办，而会问顾客怎么办。问题的答案不在总经理，而在现场。

第二个条件：属于月度结算期间的范围。如总经理对A部门长说1年差旅费20万元，部门长应该事先做好计划，如表3-22所示。

表3-22 A部门年度差旅费计划表

月份	计划金额/万元	实际金额/万元
1月	2	4
2月	5	3
……	……	……
合计	20	20

部门长以月度为单位对差旅费进行管理，1月计划花2万元，结果1月碰到几个有意向合作的大客户，出差较多，花掉了4万元，那么就要减少其他月份的差旅费，全年费用要控制在20万元以内。

第三个条件：属于标准值的范围。对于每个可管理费用科目，都要设定标准值（年度计划值、费用支出的标准条款）。年度计划值体现经营管理体制，如年度计划里差旅费、接待费等金额的设定。费用支出的标准条款体现业务管理体制，如业务管理标准（业务出差的吃、住、行的标准）。一旦设定了标准，就要使得实际支出的金额不断接近标准值，而不是被要求将该费用化为无或者极度减少。

（3）高级水准

为了更好实施和实现自己部门的市场战略（特别是业态战略），部门长认为应该管理的费用就是可管理费。前提条件是总经理与部门长在理念、远景、战略上达成共识。

三、固定费计划的制订及其应用

部门长明确了对固定费的可管理和不可管理，为了更好应用可管理费用，有必要理解以下内容。

1. 固定费计划管理进行的顺序

部门长对自己可管理的固定费必须按照以下原则排序。

①对每个可管理固定费科目设定标准值（P计划）。设定年度、月度计划中可管理固定费的具体金额。

②固定费的过程管理（D执行）。对重要的费用项目或者重要的支出进行管理。例如，针对每一次出差的管理流程：相关人员根据计划填写出差申请表（出差目的、目标、工作内容、访问对象、谈论话题、所拿样品、交通手段等）—获得上级认可—实施—报告总结（包含成果、实现目标、后续计划或改进等内容）—报销（将发票连同本次出差总结一起上交）。

③以月度为单位，在月度结束的3天内，将固定费支出的实绩与月初制订的计划进行比较，发现问题并评价（C检查）。

④担当责任者的反省及对策（A处理）。没有过程管理，最后往往害了员工，造成员工腐败。尤其对于支出金额比较大的，或者涉及该部门目标计划实现的重大项目，必须做到事前计划、事中管理和事后分析。

2. 固定费计划管理运用的要点

对于固定费计划管理的运用来说，不管是建立什么样的体系或制度，都要注意把握好重点即"穴位"。如果是"穴位"按错的话，不仅不能达到预期的效果，可能还会出现相反的作用。在这里，我们对这些"穴位"进行说明。

（1）固定费计划管理运用的"穴位一"——费用计划管理是第二位的，经营利益管理才是第一位的

实际上，对企业部门的损益管理来说，固定费的管理是第二位的。因为，如果该企业或部门还是出现赤字或未能完成损益计划，那么即使如实地执行固定费的计划也是没有达成预期目标的。因此，损益计划（经营利益）的实施和实现是第一位的（目的），固定费的管理只是手段。不要把目的和手段混淆了，不要为了管理固定费而管理固定费。

如果将固定费管理当成目的，那就是手段的目的化，手段的目的化可能会导致官僚化，即为管理而管理，比如有些部门长注重自己的权威，显示自己的签字权等。因此，总经理签字时，不是要按照标准值控制固定费支出，而是要关注费用支出后，能否达成经营利益目标。

（2）固定费计划管理运用的"穴位二"——管理的标准值的设定应该以损益方针为中心

企业或部门的计划的中心是年度和月度的损益计划（利益计划）。固定费及变动费是以利润计划为基础来设定和计划的，与利益计划不一致的固定费计划、变动费计划，对经营来说是没有意义的。因此，只是分析以前的数值，就按照费用项目类别编制固定费计划，对企业经营来说没有参考意义。按照成本管理的思路进行固定费管理是不对的。

比如，A企业今年的差旅费是5万元，接待费是10万元，基于这个数值以及大环境，A公司计划明年差旅费与今年持平，将接待费降到8万元，这种做法就是"看着后视镜开车"，这种思路被称为成本管理的思路，即参考以

往的数据，设定固定费的标准值，见表3-23。

表3-23 A企业差旅费和接待费年度利益计划标准值表

科目	今年实际金额/万元	明年计划金额/万元
差旅费	5	5
接待费	10	8

因此，企业必须要用"计划"的概念，根据长中期计划首先明确利益计划目标值，其次明确费用计划。

（3）固定费计划管理运用的"穴位三"——费用科目类别的预测实绩差异分析只起参考作用

费用计划的管理是以损益管理为目的的，因此，撇开损益管理（利润管理）的费用计划管理是没有价值的。对损益计划来说，边界利益率的管理是重点。因此，变动费总额对销售额的比例是费用计划管理的中心。在边界利益率不变的前提下，计划期间内对变动费金额的使用，各个变动费科目的金额可以进行对换。

因此，比起变动费科目类别的预测实绩分析，以变动费总额对销售额的比例为中心的分析更加重要。这一点对于可管理的固定费的计划管理来说同样重要。

例如，B企业在年初明确2020年的经营利益为100万元，整体固定费是500万元，固定费分解情况是：人工费300万元，设备费100万元，其他经费50万元，固定资金利息50万元。如果企业聘用了行业的顶尖专家，专家年薪50万元，加上年初的人工费300万元，人工费就变成350万元，超出当初设定的标准值。保持固定费总额500万元不变，在这种状况下，需要对其他3个费用科目做出调整，如把设备费降到70万元，其他经费降到40万元，固定资金利息降到40万元，见表3-24。

表3-24 B企业固定费年度利益计划标准值表

科目	计划金额/万元	实际金额/万元
边界利益	600	600

续 表

	科目	计划金额/万元	实际金额/万元
固定费	人工费	300	350
	设备费	100	70
	其他经费	50	40
	固定资金利息	50	40
	小计	500	500
经营利益		100	100

在进行固定费计划管理上，要先看森林（固定费总额），后看树木（科目类别的固定费）。确保固定费总额不变的前提下，对4个科目的固定费金额进行调整。

（4）固定费计划管理运用的"穴位四"——对可管理费用而言，每个月都进行差异分析是第二位的，对全年总额的管理才是第一位的

月度决算的固定费科目类别（可管理费）的预测实绩管理是第二位的，对月度累积计划与累积业绩的比较更为重要。如对接待费及其科目的月度决算，由于本月临时举行大型营销活动，发生了较大的接待费支出，超出了计划值。企业如果对这个差异进行批评是不合适的，因此需要以半年或1年的计划总额为基础，来对当月支出进行评价。因此，对固定费（可管理费）的预测实绩分析来说，月度的预测实绩分析是第二位的、次要的。

企业就是一个交响乐团，总经理手中的笔本质上不是一把砍刀（砍费用、砍人员），而是一根指挥棒，要通过手中的笔使费用支出发挥出应有的、符合目的、合理的作用。因此要在最有价值的地方（最有利于实现年度利润计划的地方）进行重点资源的投入，同时发挥各部门、各位员工的联动作用。

四、管理变动费、固定费的基本原则

上文对固定费计划管理及其运用原则进行了说明，即根据年度经营方针，以年度计划为基础，先设定固定费定额的标准，然后进行预测实绩分析，把握问题，制订对策。

在现实经营活动中，有很多企业也以同样的方法进行变动费的计划管理，结果出现了很多问题。那么应该如何对变动费进行计划管理呢？

第一，变动费的计划（标准值）是以销售额（产量）的一定比例表现出来的。不能对变动费的绝对值进行计划管理。

第二，变动费的计划（标准值）必须按照商品类别、材料或部件类别等的销售额的一定比例进行管理。

第三，变动费的计划管理必须由企业或各部门的责任者自己来进行。如果是由责任者之外的第三人负责，相关的营销活动和生产活动都将面临阻碍。本来计划管理的目的是提高部门的生产性，但是这样的管理方法反而降低该部门的生产性。

总之，以绝对额来对变动费进行计划管理是对经营本质的极大误解。

费用管理的基本原则：变动费是为了获取销售额而支出的费用，固定费是为了维持经营体制而必须支出的费用。因此，对变动费，按照"率"来管理；对固定费，按照"额"来管理。

1. 对变动费，按照"率"来管理

现以 B 企业经营管理会计损益表为例进行说明（见表 3-25）。

表 3-25　B 企业经营管理会计损益表

科目		金额/万元	比率
	销售额	1000	100%
变动费	销售成本	—	—
	营销接待费	10	1%

对变动费各项科目对销售额的比率进行管理，假如 B 企业为了完成明年 1000 万元的销售额，计划营销接待费是 10 万元。如果把营销接待费 10 万元按照绝对"额"来管理，一方面营销部门说"额度不够，10 万元太少了不够花"；另一方面，本来 10 万元计划 1 年花完，结果 8 个月就提前花完了，而销售额却没有完成。所以说变动费如果按"额"管理，营销人员就会忘记变动费支出的真正目的。一旦把营销接待费按照金额来管理就偏离了营销接待的目的，就变成为了管理而管理。

因为变动费的目的在于获取销售额，并且与销售额成正比例发生，就有必要按照"率"来管理。对"率"的管理不是目的，只是手段，提高企业以及部门长相应的能力才是目的，不能将手段目的化。

企业明年要完成的销售额是1000万元，如果计划接待费率是1%，那么接待费为10万元，即首先要管的是1%的"率"，而不是金额。如果营销人员说10万元不够，企业就说可以给你100万元的额度，但是支出100万元就要拿1个亿的销售额回来。因此，营销接待费率1%是不会变的，这就是对"率"的管理。

总之，变动费支出的目的在于获取销售额，为了更好地获取销售额，就必须按照销售额的"率"来管理。

2. 对固定费，按照"额"来管理

对固定费的各项科目按照绝对"额"来进行管理。如果按照"率"对固定费进行管理，企业将难以维持经营体制。假设办公室租金按照"率"来管理，办公室租金对销售额的比率是1%。那么销售额是100万元时，办公室的租金是1万元；当销售额是1亿元时，办公室租金变成100万元。租金100万元，可以租高档写字楼办公；租金只有1万元时，只能在简易平房中办公，这意味着办公环境要随着销售额的变化而变化，这是不合理的。

固定费的目的在于维持企业经营，让员工在安定的工作环境中工作。因此，如果对办公室的租金按照"率"来进行管理，企业经营就会随着销售额的变动而变动，难以维持，所以对固定费必须按照绝对"额"来管理。

五、 实践的计划管理的进行方法 （P/L分权）

1. "P"计划管理基准的设定

①明确损益单位部门，并任命部门组织的责任者。
②按照科目类别区分各部门的变动费和固定费。
③设定变动费各项目对于销售额的比例的标准值。
④将固定费各项目区分为变动的固定费（可管理费）和纯固定费（不可管理费）。

⑤设定可管理费各项目的标准值（绝对额）。

2. "D"计划的过程管理

①以标准值（变动费、固定费）为基础，制订月度损益计划，并取得上级的承认。

②在营销过程中（周度、月度），检查变动费的比例、固定费发生额。

③进行月度决策（销售额、变动费、边界利益、固定费、经营利益）时，把握变动费、固定费各大项目的实际经营业绩的明细。

④按照变动费、固定费的项目类别，编制预测实绩一览表，明确各项目的差异。

3. "C"判断和评价

①对于变动费项目类别的实绩，检查其对销售额比例的异常值。

②对于固定费项目类别的实绩，检查其绝对额对计划数值的异常值。

③研究变动费实绩、固定费实绩产生异常的原因，明确管理的对策。

④对于变动费实绩、固定费实绩的异常值以外的差异，通过经营利益（率）的状况分析来进行判断。

4. "A"对策

各部门的责任者在理解异常值、费用计划总额的基础上，明确实施对策。

六、 经营体制的本质与固定费的分类

1. 对固定费分类方法的思考

从经营的立场出发，将固定费的费用科目进行整理和分类。在这里我们运用的分类方法称为固定费的四分类基准。

人工费：与人相关的费用的总称。

设备费：与经营设备环境相关的基础费用的总称。

利息：与经营固定资金相关的资金成本。

其他经费：与人、设备活动、资金运用相关费用的总称。

（1）人工费

在经营体制中与人相关的费用的总称，包含下面各项费用。

①劳务主费：固有的人工费，即录用某个员工后必定要发生的费用，如工资、奖金、退休金、法定福利费。

②劳务副费：非固有人工费，即录用某个员工后非必定要发生的费用，如一般福利费、教育培训费。

（2）设备费

在经营体制中与工作环境相关的所有的"物"的相关费用的总称。企业是由人、财、物构成的。其中"物"又分成三个部分：第一部分是与工作环境相关的"物"，如办公室、复印机、厂房、工厂设备等，其费用称为设备费（固定费）；第二部分是作为加工对象的"物"，如原材料、半成品，如果这两项积压在仓库，相当于把公司的资金变成了库存物品，是要计算其资金利息成本的，该费用称为库存资金利息（变动费）；第三部分是作为销售对象的"物"，如成品，同理其费用也称为库存资金利息（变动费）。

设备费的具体构成：土地的租赁费；设施、建筑物的折旧费、租赁费；机械、设备的折旧费、租赁费；车辆、运输工具的折旧费、租赁费；工具、器具、预备品的折旧费、租赁费。

（3）利息（资金利息）

利息是使用资金而产生的成本支出，企业经营活动中的资金分为三种：业务资金、运转资金、固定资金。

1）业务资金。企业从购买原材料或生产到销售货款回收的整个过程称为业务活动，业务活动所需的资金，称为业务资金。

①业务资金量＝A 业务资金需求量－B 业务资金筹集量

A 业务资金需求量＝应收款（没有回收的货款余额，如现金或票据）＋库存资金（库存资金＝原材料库存＋半成品库存＋成品库存）－毛利调整

- 毛利调整＝应收款×毛利率（1－变动成本率）

- 毛利率：$=\dfrac{（销售额－变动成本）}{销售额}=1-变动成本率$

因为销售额包括企业赚到的毛利部分，因此要将这部分金额剔除，才是真正被占用的资金。

B 业务资金筹集量＝预收款（顾客的订金或充卡金额）＋应付款（来自

供应商的现金或票据）

例如，A 企业的应收款为 700 万元，库存资金 500 万元，毛利率为 25%，其中预收款 300 万元，那么该企业的业务资金量 = [700 + 500 − (700 × 25%)] − 300 = 725 万。

②业务资金管理及其指标。要加强对业务资金的管理，就要活用以下的项目指标，即业务资金系数。

业务资金系数 = 业务资金量 ÷ 月平均销售额

假如 A 企业的业务资金量是 725 万元，2020 年的销售额是 5000 万元，则月平均销售额是 416 万元，那么 A 企业的业务资金系数 = 725 ÷ 416 = 1.74/月，意味着企业要挣回 1 元钱的销售额，需要投入 1.74 元的资金。

③业务资金利息，由于业务资金的使用而产生的成本。如果没有将业务资金放在顾客口袋里或者仓库里，而是存入银行，这部分资金是有利息的。

业务资金利息 = 业务资金量 × 利率

业务资金利息属于变动费。

2）运转资金是支付每月经费所需要的资金。

运转资金量 = A 运转资金需求量 − B 运转资金筹集量

A 运转资金需求量 = 房租的预付 + 税的预付 + 设备购置费的预付

B 运转资金筹集量 = 税的应付 + 员工工资滞后发放

运转资金利息 = 运转资金 × 利率

一般而言，运转资金金额较小，在经营管理会计上，可以不作计算。运转资金利息属于固定费。

3）固定资金是沉淀在固定资产余额的资金。比如，2015 年企业购买了一辆 100 万元的车，按照财务会计计算，这辆车需要 10 年折旧完，平均每年折旧是 10 万元，到了 2020 年就剩下 50 万元，这 50 万如果不是用在车上，而是存入银行，就会有利息收入。

固定资金利息 = 固定资产余额 × 利率

固定资金利息属于固定费。在经营管理会计损益表上，将业务资金利息算到上部构造，将固定资金利息算到下部构造。

2. 不同业态的固定费及其分类基准（见表 3 − 26）

表3-26 不同业态的固定费的事例及其分类基准（年度）

（单位：千元）

		制造业			批发业			零售业	
		科目	金额		科目	金额		科目	金额
人工费		经营者的报酬	5760		经营者的报酬	2350		经营者的报酬	2010
		工资	86904		工资	11044		工资	31300
		奖金	7308		奖金	5163		奖金	4626
		法定福利费	9430		法定福利费	1758		法定福利费	3956
		退休金	1524		退休金	220		退休金	520
		一般福利费	720		一般福利费	1392		一般福利费	4476
其他经费		水电费	1071		广告费	226		广告费	5406
		电力费	276		办公用品费	426		接待费	153
		维修费	348		消耗品费	1281		差旅费	999
		燃料费	423		差旅费	14792		通信费	525
		广告费	9552		通信费	473		会议费	126
		接待费	2892		接待费	780		消耗品费	1351
		通信费	1896		会议费	245		办公用品费	245
		差旅费	3012		水电费	268		水电费	555
		办公用品费	456		公共课税	1518		公共课税	957
		低值易耗品费	1334		杂费	290		杂费	600
		保险费	420		房租	386		土地租金	9951

毛利变纯利

续表

制造业			批发业			零售业		
科目		金额	科目		金额	科目		金额
公共课税	18	5904	折旧费	18	1064	折旧费	18	4975
杂费	19	156	土地租金	19	1298	租借费	19	5231
房租	20	5940	租借费	20	183	—	—	—
折旧费	21	732						
租借费	22	251						
收取利息	23	(752)	收取利息	21	(668)	收取利息	20	(2300)
支付利息	24	1510	支付利息	22	1451	支付利息	21	5301
合计		147067	合计		45940	合计		80963

第三章　阿米巴经营管理会计

135

七、 固定费与经营力的集约

未来，企业与企业之间的竞争是固定费生产性高低的竞争，那么固定费到底投入多少合适呢？固定费多不代表企业强，少也不代表企业弱，衡量强弱的标准是企业固定费的生产性。企业要想提高其活用的效率，需要充分理解集约度的概念。

用固定费和变动费来给经营下定义的话，会得到下面的表述：经营是以投入的固定费（经营体制力）为基础，活用变动费（获取销售额的手段），以获得超过固定费的边界利益为目的的经营活动。要想经营成功需要思考两件事：一是思考固定费的应有状态与活用方法并加以运用；二是思考变动费的应有状态与活用方法并加以运用。

从本质上说，固定费体现经营的生产力的大小。所以从生产力角度将固定费的内容进行分类也是很自然的。我们在将固定费按照人工费、设备费、利息及其他经费分类时，会注意到各项费用与固定费总额的比例和经营业态的关系。

- 总固定费中人工费的比例大，其经营业态的特征是什么？
- 总固定费中设备费的比例大，其经营业态的特征是什么？
- 总固定费中利息的比例大，其经营业态的特征是什么？
- 总固定费中其他经费的比例大，其经营业态的特征是什么？

要解决这些问题，首先必须面对"经营体制的生产力的集约"这个课题。也就是说，企业要把固定费活用好，就要把握住两个非常重要的概念——集约度和生产性。

1. 集约度的含义

固定费的四分类（人工费、设备费、其他经费、固定资金利息）的各科目各自占总固定费的比例，称为集约度。如：

$$人工费集约度 = \frac{人工费}{总固定费} \times 100\%$$

$$设备费集约度 = \frac{设备费}{总固定费} \times 100\%$$

2. 集约度的意义

比如，投入人工费和设备费的时候，第一要注意"集"，即集中资源投入，第二要注意"约"，即最大公约数（投入的费用要符合企业的业态战略方向）。换言之，投入在人员、设备或其他方面的经费都要跟企业的理念和战略方向吻合，这就叫作集约度。

集约度可以说明企业经营上的某些特点，如人工费集约度越大，意味着经营体制力更多的是由人才力构成，因此经营和管理的过程中重点应该放在对人的管理上。我们可以通过集约度明确对固定费经营和管理的重点。在固定费中集约度越高的科目，越要加强管理。

集约度决定了企业的业态，比如米思米这家企业的最大特点是基本上没有营销人员，因此人工费占固定费的比例很低。但是设备费和系统开发的其他经费的占比（集约度）会很高，这决定了米思米企业的业态特点是邮寄业态。因此，新的业态战略要实施，首先必须改变固定费集约度的状态。

3. 经营力集约度的形态（见图3-8）

经营力的集约
- 资本集约
  - 设备资本集约
  - 资金资本集约
  - 体系资本集约
- 劳动集约
  - 单纯劳动集约
  - 知识劳动集约
  - 感性劳动集约
- Know-how集约
  - 技术Know-how集约
  - 销售Know-how集约
  - 管理Know-how集约
- 品牌集约
  - 老铺品牌集约
  - 新生品牌集约
  - 独占品牌集约

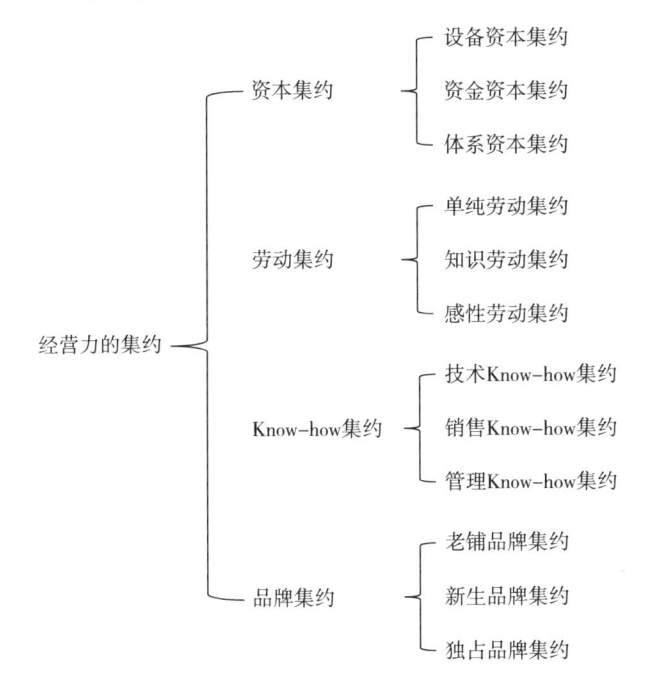

图3-8 经营力的集约度形态分类

（1）资本集约

①设备资本集约。设备费占总固定费的30%，如果将与设备关联的其他经费（如维修费、保养费、培训费）都算在其中，设备费会占总固定费的40%，人工费占总固定费的30%以下。生产厂家的设备集约度高，实现全自动化生产的程度也高（如中石油、中石化、鞍钢集团）。在销售型企业（零售业）中，在店铺方面投入大量的资金，租赁费、折旧费非常高，人工费的占比却较低（如LV，每平方米装修费5000元，每年至每一年半就要换一次装修）。一般来说，这两类企业或是设备资本集约度高，或是品牌集约度高。

②资金资本集约。通过资金赚钱的企业，如投资企业、银行等。

③体系资本集约。如销售体系资本集约，销售体系费（销售体系的开发费、升级费、电脑折旧费、服务器等相关的费用）占总固定费的15%以上，如米思米、阿里巴巴、京东等。

（2）劳动集约

①单纯劳动集约。人工费集约度达65%左右。员工更多靠体力并按照标准流程工作，如制衣厂、制鞋厂、家电组装厂等。

②知识劳动集约。人工费集约度在70%左右，员工靠脑力工作，如软件开发企业、建筑设计企业、一般的广告企业等。

③感性劳动集约。人工费集约度在80%左右，以个性和创造性工作为主，如高端的工业设计企业、动漫企业等。

（3）Know-how集约

Know-how相关费用（其他经费、培训费、加盟费等）占固定费的比例较大的企业。

①技术Know-how集约。将固定费更多地投入技术研发上，持有大量专利技术的企业。比如，夏普2016年被鸿海7000亿日元收购，是因为夏普有大量的关于液晶显示屏的专利。

②销售Know-how集约。将固定费更多地投入销售Know-how的开发和累积上，如米思米、百胜餐饮集团（肯德基）、麦当劳等。肯德基不是靠卖鸡块赚钱，而是依靠销售Know-how来赚钱。销售Know-how表现在店铺选址、店铺面积（适合该区域的店铺面积才是最好的）、店铺外观、产品结构设计等。

因为肯德基总公司有这样的销售 Know-how，所以很多人选择加盟。

③管理 Know-how 集约。将固定费投入管理 Know-how 的积累和开发上，如华为等。

（4）品牌集约

品牌集约就是将更多的固定费投入品牌的开发上。

①老铺品牌集约，如可口可乐、全聚德、同仁堂、云南白药等。

②新生品牌集约。新生品牌不仅要看品牌的影响力，还要看企业的寿命，如 TCL、创维、格力、美的等。

③独占品牌集约。企业品牌 = 行业，意味着一说起这个品牌就想起这个行业，一讲起这个行业就想起这个品牌，如席梦思、微软、谷歌、腾讯、阿里巴巴等。

经营力的集约要素，是因企业经营实体（业种、业态及经营方针等）的不同而不同的，其结果实际上几乎直接影响固定费的费用科目的结构。如果从固定费结构的特征来观察集约的形态就会得出表 3－27。

表 3－27 集约形态及固定费结构特征

集约的形态	固定费结构的特征
单纯劳动集约	人工费占 65% 左右
知识劳动集约	人工费占 70% 左右
设备资本集约	设备费占 30%，若将其活动经费（保养、维修、培训）计算在内则约占 40%，人工费在 30% 以下
销售体系资本集约	销售体系费（经费的一部分）占 15% 以上

4. 经营力集约形态的意义

企业的单纯劳动的集约要向以下四个方向转变。

①单纯劳动集约转向设备资本集约（高科技化 × 自动化 × 智能化 = 中国制造 2025）。

②单纯劳动集约转向知识劳动集约、感性劳动集约。

③单纯劳动集约转向（技术、销售、管理）Know-how 集约。

④单纯劳动集约转向品牌集约。

企业要从单纯劳动集约，转变成注重专利技术的开发、销售和管理体系的建立。比如，A 公司以往是靠维护与供应商之间的关系获得代理权从而销售产品，但是这种做法在未来就不适用了，A 公司要想持续地在市场上保持竞争力，必须从现在的单纯劳动集约转变成销售体系或管理体系 Know-how 集约的形态。这就是企业内部经营管理的升级。

第六节
阿米巴经营管理会计计数与生产性

一、生产性的含义

1. 第 1 种定义

生产性，是相对于生产要素的每个单位的投入量（牺牲），得到的生产量（成果）的比例。

$$生产性 = 生产效率 = \frac{产出（量）}{投入（量）}\left(\frac{成果}{牺牲}\right) \times 100\%$$

A 店铺总劳动时间的生产性：

- 总劳动时间的生产性 $= \frac{每天接待的顾客人数（40 人）}{总劳动时间（200 小时）} = 0.2$ 人／（人·小时）

A 店铺的生产性 = 每天接待的顾客人数 ÷ 总劳动时间 200 小时（200 = 25 人 × 8 小时）= 平均每人每个小时接待 0.2 个顾客，这就是该店铺的生产性。可以用这个指标作为评价标准，确定每家店铺标准的配备员工数。

假如另一家店铺标准的总劳动时间（配备人数）= 平均接待的顾客人数 ÷ 店铺的生产性（0.2）：

- 总劳动时间的生产性 $= \frac{每天接待的顾客人数（50 人）}{总劳动时间（?）} = 0.2$ 人／人·小时

店铺每天接待的顾客人数 50 人 ÷ 0.2 人/人·时 = 总劳动时间（250 个小时），总劳动时间（250 个小时）÷ 每天工作时间（8 个小时）= 店铺标准的配备员工数（31.25 人）。

2. 第 2 种定义

生产性指相对于生产要素的每个单位的投入额（牺牲）而得到的生产额（成果）的比例。

$$生产性 = 生产效率 = \frac{产出（额）}{投入（额）}\left(\frac{成果}{牺牲}\right) \times 100\%$$

- 费用的收益生产性 = $\dfrac{收益（销售额、边界利益、经营利益）}{单位投入费用}$

- 资金的收益生产性 = $\dfrac{收益（销售额、边界利益、经营利益）}{单位投入资金}$

这里所讲的牺牲与成果，可以看作费用与收益（销售额、边界利益、经营利益），再将其范围扩大也可以看作投资与收益（销售额、边界利益、经营利益）。

A 店铺人工费的生产性：

- 店铺人工费的生产性 = $\dfrac{销售额（23000 元）}{人工费（11400 元）} \approx 2$

该店铺人工费的生产性（2 元）= 销售额（23000 元）÷ 人工费（11400 元），意味着每投入 1 元钱的人工费，获得 2 元的销售额。

3. 第 3 种定义：混合型

$$生产性 = 生产效率 = \frac{产出（额）}{投入（量）}\left(\frac{成果}{牺牲}\right) \times 100\%$$

店铺租金的单位时间附加值举例（A 品牌口腔医院分院）：

- 单位时间附加值 = $\dfrac{销售额（23000 元）}{人数 25 人 \times 8 小时} = 115$ 元/人·小时

店铺单位时间销售额附加值（115 元）= 销售额（23000 元）÷ 总劳动时间（200 个小时）。这意味着平均每人每个小时拿到 115 元的附加值。日本每位医生每小时的费用是 250 日元，从这个角度看，这个店铺就是亏损的。

单位时间利润附加值 =（销售额 – 不含人工费的费用）÷ 总人数 ÷ 总时

间，京瓷最小的阿米巴就是用这个指标进行管理的：

- 京瓷单位时间利润附加值 = $\dfrac{销售额 - 不含人工费的费用}{总人数 \times 总时间}$

二、固定费生产性的含义、意义及评价标准

固定费的生产性基于固定费的四分类：人工费、设备费、其他经费、固定资金利息。因此，固定费的生产性由五个部分构成：固定费生产性、人工费生产性（劳动生产性）、设备费生产性、其他经费生产性、固定资金利息生产性。其中，固定费生产性是母项目，其他是生产性的子项目。

1. 固定费生产性的含义

固定费的价值体现企业在一定期间内（每月或每年）投入经营体系的生产要素的总额。这不是把各个生产要素（人、设备、资金、活动）分散开来的总额，而是基于经营者的强烈意志，基于目的地配置设备（土地、厂房、设备），使人组织化、有序化、制度化，成为一个活动的整体，再合理地投入活动经费，使企业能有目的地、合理地运营所产生的总额。所以，企业的固定费总额是经营体制的生产力。表示经营体制的生产力的指标是固定费的生产性。

2. 固定费生产性的意义（第 2 种定义计数）

固定费生产性 = $\dfrac{收益（边界利益）}{固定费} \times 100\%$

固定费生产性就是每投入单位固定费所创造的边界利益的大小。固定费金额的多少体现经营体制力（生产力）规模的大小。但是，固定费的生产性体现经营体制力的强弱。

3. 固定费生产性（体制力强弱）的评价标准

固定费生产性的标准指标与企业的业种、业态及规模没有关系。百货商店也好，杂货批发业也好，相对于企业投入的生产力，其成果比例的标准值没有必要设定不同的标准。因为只要企业在市场经济中从事经营活动，就要竞争相同水准的指标数值。下面列举一般性标准指标（见表 3-28）。

表 3-28 固定费生产性评价标准

等级	标准	评价
SA	>150%	优
A	130%~150%	良
B	115%~130%	中
C	105%~115%	可
D	<105%	差

每投入 1 元钱，创造 1.5 元以上的边界利益，可评定为"优"，上述的评价标准没有国界、行业、业态、规模大小、企业成立时间长短之分，对所有企业通用。

BEP（损益分歧点）安全度的评价指标同样具备上述特点，并且与固定费生产性评价指标是倒数的关系。

$$BEP\ 安全度 = \frac{1}{固定费生产性}$$

（该公式计算得到 BEP 安全度的评价指标）

推算过程：

$$BEP\ 安全度 = \frac{BEP\ 安全}{实际销售额} = \frac{\frac{固定费}{边界利益率}}{实际销售额} = \frac{固定费}{实际销售额 \times 边界利益率} = \frac{固定费}{边界利益} = \frac{1}{固定费生产性}$$

三、人工费生产性、人·月劳动生产性的含义、意义及评价标准

固定费生产性的第一个子项目是人工费生产性。人工费生产性有两个评价指标：第一个指标是人工费生产性；第二个指标是人·月劳动生产性。

- 人工费的边界利益生产性 = $\frac{边界利益}{人工费} \times 100\%$

该公式显示将人的价值（人工费）投入经营体系后，相对于单位人工费，获得作为成果的边界利益的大小。

- 投入人员的边界利益生产性 = $\dfrac{\text{边界利益（年）}}{\text{人员数}} \div 12$（元／人·月）

该公式显示将人投入经营体系后，每个人每个月获得的作为成果的边界利益的大小。

1. 第一个指标：人工费生产性

（1）人工费生产性的含义

人工费的边界利益生产性 = $\dfrac{\text{边界利益}}{\text{人工费}} \times 100\%$

该公式显示每投入 1 元钱的人工费所创造的边界利益的多少。

（2）人工费生产性的意义

人工费的多少体现出人才力规模的大小，人工费生产性体现人才力的强弱。

（3）人工费生产性（强弱）的评价标准

活用已知固定费生产性评价标准，推算出人工费生产性的评价标准。推算过程如下：

人工费生产性 = $\dfrac{\text{边界利益}}{\text{人工费}} \times 100\%$

$= \dfrac{\text{边界利益}}{\text{固定费}} \times \dfrac{\text{固定费}}{\text{人工费}} \times 100\%$

$= \dfrac{\text{边界利益}}{\text{固定费}} \div \dfrac{\text{人工费}}{\text{固定费}} \times 100\%$

= 固定费生产性 ÷ 人工费集约度

（人工费集约度是人工费占固定费总额的比例）

人工费生产性的评价标准 = $\dfrac{\text{固定费生产性评价标准}}{\text{人工费集约度}}$

固定费生产性的评价标准是已知的，算出企业的人工费集约度，企业的人工费生产性的评价标准就可以算出来。企业的集约度改变了，人工费生产性评价标准也随之改变。

表 3 - 29 是 A 公司 2020 年度经营管理会计损益表，请计算出 A 公司的人工费生产性，并进行评价。

表 3-29 A 公司年度损益表

(单位：万元)

项目		A 公司
销售额		7801
变动费		4203
限界利益		3598
固定费	人工费	1521
	设备费	1347
	其他经费	412
	固定资金利息	0
	合计	3281
经营利益		317
人工费生产性		( )

A 公司的人工费生产性评价标准计算过程如下：

A 公司人工费集约度 = $\dfrac{人工费（1521 万）}{总固定费（3281 万）}$ = 46.3%

A 公司人工费生产性的评价标准 = $\dfrac{固定费生产性评价标准}{A 公司人工费集约度}$

表 3-30 是 A 公司人工费生产性评价标准生成表。

表 3-30 A 公司人工费生产性评价标准生成表

评价	固定费生产性评价标准	人工费集约度	A 公司人工费生产性评价标准
优	>150%		超过 323%
良	130%~150%		超过 280%
中	115%~130%	÷46.3% =	超过 248%
可	105%~115%		超过 226%
差	<105%		不足 226%

固定费生产性作为母概念，会相应地影响子概念。不同企业的人工费生产性的评价标准不一样。即使是同一家企业，处在不同的时期，人工费生产性的评价标准也不一样。因为人工费集约度会发生变化。

未来，人均工资的上涨是必然趋势，为此，企业有必要从关注销售额的竞争转向关注人工费生产性的竞争，人工费生产性的效率需要提高。未来企业与企业之间的竞争会聚焦在人工费生产性的竞争上。哪家企业的人工费生产性高，哪家企业就会活下去；哪家企业的人工费生产性比不过别人，哪家企业就会被淘汰。企业有必要事先做好准备，先他人一步建立起自己的格差竞争力（核心竞争力）。

人工费除以投入的员工人数等于人均工资。如果人均月工资是100元，可以拿到130元的边界利益，人工费生产性就是130%。假设人均工资涨到了130元，但是边界利益还是130元，人工费生产性就变成了100%，这家企业转为亏损，因为企业还有设备费、其他固定费、固定资金利息等费用需要支出。

所以，未来的竞争不是销售额的竞争，而是生产性的竞争，尤其是人工费生产性的竞争。

2. 第二个指标：人·月劳动生产性

（1）人·月劳动生产性的含义

$$投入人员的边界利益生产性 = \frac{边界利益（年）}{人员数} \div 12（元/人·月）$$

人·月劳动生产性体现了平均每人每个月所创造的边界利益的多少。

（2）人·月劳动生产性的意义

边界利益÷人员数÷12个月＝人·月劳动生产性

①人工费÷人员数÷12个月＝人·月平均工资

②设备费÷人员数÷12个月＝人·月平均使用的设备费

③其他经费÷人员数÷12个月＝人·月平均使用的其他经费

④固定资金利息÷人员数÷12个月＝人·月平均使用的固定资金利息

⑤经营利益÷人员数÷12个月＝人·月平均创造的经营利益

因为，边界利益＝①人工费＋②设备费＋③其他经费＋④固定资金利息＋⑤经营利益，所以，边界利益÷人员数÷12个月＝人·月劳动生产性＝人·月平均工资＋人·月平均使用的设备费＋人·月平均使用的其他经费＋人·月平均使用的固定资金利息＋人·月平均创造的经营利益。

人·月劳动生产性是人·月平均工资提高的源泉，员工提出涨工资是员工工作能力成熟的表现，企业应该如何应对呢？

企业应对人·月平均工资上涨的对策有两个。

第一种做法：人·月劳动生产性不变，从而提高人·月平均工资。

人·月创造的经营利益不变时，有两条路可以走。一是通过减少人·月设备费、人·月其他经费和人·月固定资金利息，从而提高人·月平均工资，即把设备费、其他经费、固定资金利息三项费用降下多少，就加多少在人工费上。很多企业是靠这种方法涨工资的，但费用减到一定程度的时候就会遇到瓶颈，如设备费、水电费可以节省，但是节省有限，这种方法只在短期内有效（减法经营）。二是固定费的三个分类项目（设备费、其他经费、固定资金利息）不变时，靠减少人·月平均创造的经营利益，提高员工的工资。2012—2014年东莞的部分台资、港资加工企业采用了这种方法，但是最终还是扛不住，大批倒闭。这种做法犹如杀鸡取卵，难以持久。

第二种做法：通过提高人·月劳动生产性，从而提高人·月平均工资。

假设去年的人·月劳动生产性是500元，人·月平均工资是100元，人·月使用的设备费是150元，人·月使用的其他经费是100元，人·月使用的固定资金利息是50元。那么人·月平均创造的经营利益是100元（见表3-31）。

表3-31　某企业人·月劳动性一览表

（单位：元）

	人·月创造的边界利益	500
固定费	人工费	100
	设备费	150
	其他经费	100
	固定资金利息	50
	经营利益	100

今年，小A提出希望人·月平均工资上涨50%，有了人·月劳动生产性这个标准。

我们可以对小A说："50%太低了，可以帮你涨到100%。"但是有一个前提条件，在现有的人工费、设备费、其他经费、固定资金利息不变的状况下，人·月劳动生产性提高50%，工资就可以翻一倍（见表3-32）。

表3-32 调整后的人·月劳动性一览表

科目		变化前	上涨比率	变化后
边界利益		500元	↑50%	750元
固定费	人工费（工资）	100元	↑100%	200元
	设备费	150元	保持不变	150元
	其他经费	100元		100元
	固定资金利息	50元		50元
经营利益		100元		250元

因此，人·月平均工资要上涨，每个人的能力就要提高。比如，营销部门原来一天销售40单，接下来就要想办法每天销售60单（从40单涨到60单，上涨50%）。在费用不变的情况下，就要提高每个人的自身能力，这是提高人·月平均工资的根本对策。

一般来说，企业要提高人·月劳动生产性有三个基本对策，如表3-33所示。

表3-33 人·月劳动生产性三个对策一览表

科目	变化前	对策一	对策二	对策三
销售额	1000万元	（1500万元）	1000万元	1000万元
变动费	500万元	750万元	250万元	500万元
边界利益	500万元	750万元	750万元	500万元
（边界利益率）	50%	50%	（75%）	50%
固定费	400万元	400万元	400万元	300万元
经营利益	100万元	350万元	350万元	200万元
人员数	50	50	50	（33.33）
人·月劳动生产性	0.83	1.25	1.25	1.25
对策活用评价		○	△	×

○好 △一般 ×差

对策一：在总固定费不变和边界利益率不变的情况下，扩大销售额，以达到人·月劳动生产性的指标。

销售额的增长，有必要活用销售额方程式，即销售额＝进店数×成交率×购买件数×每件单价×复购率。根据不同的行业，细分销售额，优化每一个要素，明确具体对策，对策必须具有可操作性。具体对策如表3-34所示。

表3-34 优化的具体对策（示例）

1	提高顾客的购买次数（深耕）	10	降低产品成本	19	扩大品牌知名度
2	扩大区域、平台（扩大）	11	种草、名人推荐	20	主题活动促销
3	增加产品品类（多样化）	12	试穿率、试用率	21	增加准客户数量（前市场）
4	开发新业态、新渠道	13	提高导购搭配水准	22	老客户营销唤醒（后市场）
5	开发高价格线新产品（创新）	14	视觉设计展示	23	客户转介绍机制
6	产品组合（提高整体客单价）	15	店铺选址	24	增加展会次数
7	分类客户（成立大客户部）	16	减少退货	25	提高转化率
8	提升销售人员的能力	17	发货及时	26	提高产品价格（渠道分类）
9	成立新营销部门（新区域/新市场）	18	上新推送	27	增强目标意识……

为了提高销售额，要明确对策所针对的课题。比如，通过销售额方程式的分析，明确进店人数不足是要解决的课题，那么就要找到影响进店人数的三个因素，如影响进店人数的第一个因素是主题活动促销，第二个因素是视觉设计展示，第三个因素是店铺的氛围，即这三个因素解决了，进店人数的课题也就解决了。进店人数多了，销售额提高了，人·月劳动生产性也就提高了，工资也会上涨。

对策二：在销售额无法扩大、固定费不变的状况下，通过提高边界利益率，达成人·月劳动生产性的指标。

对策三：在销售额无法扩大、边界利益率无法提高的情况下，通过减少人员数量（人工费），达成人·月劳动生产性的指标。

（3）人·月劳动生产性的评价标准（见表3-35）

表3-35 平均每人每月创造边界利益的标准

评价	（参考）标准
优（SA）	大于10万元
良（A）	7.5万~10万元
中（B）	5万~7.5万元
可（C）	2.5万~5万元
差（D）	小于2.5万元

这是一个相对的标准，只起到参考作用，不像固定费生产性和人工费生产性那样绝对。

现在大部分中小型企业的人·月劳动生产性都偏低，但是工资上涨将成为趋势，将会淘汰部分企业。所以未来各行各业的市场集中度都会越来越高，能够活下来的企业是高人·月劳动生产性的企业。

因此，开展经营活动时，企业不管是开发新产品、新市场，还是要招聘人才、购买新设备等，都要时刻提醒自己，"这样做，人·月劳动生产性提高了吗？"必须把人·月劳动生产性是否提高，作为企业战略、战术、战斗决策的重要评价标准。

四、设备费生产性的含义、意义及评价标准

固定费生产性的第二个子项目是设备费生产性。

1. 设备费生产性的含义

$$设备费生产性 = \frac{边界利益}{设备费} \times 100\%$$

设备费生产性就是每投入一单位的设备费所创造的边界利益的多少。

2. 设备费生产性的意义

设备费体现出企业设备力规模的大小；设备费生产性则体现企业设备力

的强弱。

3. 设备费生产性强弱的评价标准

$$设备费生产性评价标准 = \frac{固定费生产性评价标准}{设备费集约度}$$

五、 其他经费生产性的含义、意义及评价标准

固定费生产性的第三个子项目是其他经费生产性。

对服务型企业来说，其他经费的比例较高，所以需要加强其他经费生产性的管理。

1. 其他经费生产性的含义

$$其他经费生产性 = \frac{边界利益}{其他经费} \times 100\%$$

其他经费生产性就是每投入一单位的其他经费所创造的边界利益的多少。

2. 其他经费生产性的意义

其他经费体现的是企业活动力规模的大小，其他经营生产性则体现出活动力的强弱。对其他经费金额较大的企业来说，必须要加强对其他经费的管理，管理重要的指标就是其他经费的生产性。

3. 其他经费生产性强弱的评价标准

$$其他经费生产性评价标准 = \frac{固定费生产性评价标准}{其他经费集约度}$$

六、 固定资金利息生产性的含义、意义及评价标准

固定费生产性的第四个子项目是固定资金利息生产性。

1. 固定资金利息生产性的含义

$$固定资金利息生产性 = \frac{边界利益}{固定资金利息} \times 100\%$$

固定资金利息生产性就是每投入一单位的固定资金利息或资金成本所创造的边界利益的多少。

2. 固定资金利息生产性的意义

固定资金利息体现企业资金力规模的大小，如向银行贷款。固定资金利息越多，往往意味着固定资产余额越多。但是，固定资金利息生产性则体现出资金力的强弱。重要的不是把资金力规模做大，而是把资金力做强。

3. 固定资金利息生产性强弱的评价标准

$$固定资金利息生产性评价标准 = \frac{固定费生产性评价标准}{固定资金利息集约度}$$

第四章
阿米巴经营利益计划的制订与实施

本章的目的是让总经理及部门长清楚年度计划是什么，为什么要制订年度计划，如何制订年度计划。要达到这个目的，必须了解经营管理会计的含义，即通过会计手法，利用计数对经营进行管理的体系。管理的目的是让计算出来的数字，能够促使政策管理和体制管理协调展开，从而进行方向性管理和健全性管理，最终使得企业按照既定的成长路径来实现企业目标。具体的推进方式就是经营管理循环——PDCA。

计划是管理的开始，没有计划等于没有管理，连计划都没有就冒冒失失地去做事，管理做不好是必然的。对阿米巴的运营管理主要围绕企业年度经营计划与预算来展开，因此，制订企业整体年度经营计划与阿米巴年度经营计划是最重要的工作之一。经营计划与预算是一套完善、科学的运营管控系统，其着重强调对经营目标方针、经营举措、运营办法、激励机制的计划管理。经营计划是产生预算结果的依据，是推动业务运行的基础。

经营管理会计是经营科学的基础，如果没有建立科学的经营计划，就不可能开展科学的经营。本章主要介绍经营管理循环（PDCA）中的"P计划"。

第一节
阿米巴经营理念、远景、长中期计划和年度计划的关系

一、计划的形成

计划是逆推出来的：明确理念—明确远景—根据远景明确长中期计划—年度计划—月度计划—周计划—日计划（见图4-1）。制订计划的目的是要以下山之势解决企业经营中存在的问题。

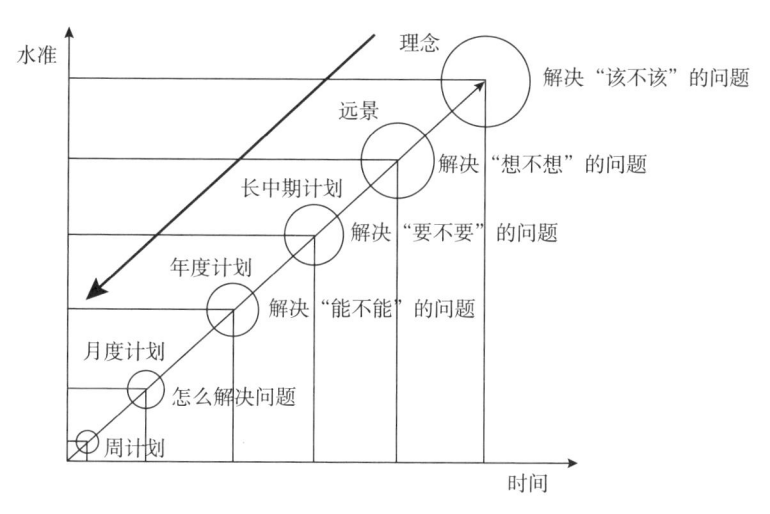

图4-1 理念、远景、长中期计划和年度计划的关系

理念解决的是"该不该"的问题，远景解决的是"想不想"的问题，长中期计划解决的是"要不要"（选择和集中）的问题，年度计划解决的是"能不能"的问题，月度计划、周计划、日计划解决的是怎么做的问题。因此，计划的形成路径是："该不该"决定"想不想"，"想不想"决定"要不要"，"要不要"决定"能不能"，"能不能"决定"怎么做"。讨论经营计划

时，企业不要马上进行"能不能"的讨论，否则各部门长往往会找出 100 个理由证明不能做。例如，企业制订销售额 1 个亿的目标时，部门长会说太高了，他们目前做不到。

因此，讨论问题时，首先讨论"该不该"，然后讨论"想不想"，再讨论"要不要"，进而讨论"能不能"，最后讨论"怎么做"。如此一来，企业面对问题时就会创造性地提出解决方案（先看将来再看现在），用将来进行时的思维方式看待当下问题，企业就会有向上的力量。

制订年度经营计划时，企业首先考虑的是长中期计划而不是过往业绩，所以，计划是逆推出来的。

二、计划与 PDCA 的关系

经营计划是由多个内容构成的，内容之间是关联的，由此形成经营计划体系。经营计划的具体内容如下所述：经营理念—经营远景—长中期经营计划—年计划—月计划—周计划—日计划。

经营理念是最长远的计划，也是所有计划的起点。企业缺失了经营理念，经营计划就缺失了原动力和方向。

月、周、日计划是所有经营计划的终点，如果企业缺失了月、周、日计划，PDCA 循环的速度就会下降，每一次的季度或者月度业绩管理会议都会讨论相同的问题，制订类似的对策，但是对策很难落地。

如果由于计划原因，业绩管理会议出现了上述问题，人才的培养就变成了人才的浪费。

第二节
阿米巴经营计划的种类及其之间的关系

一、计划的种类

经营计划与利益计划是不同的。经营计划包含与运营企业的所有项目有关的计划。如商品力计划、销售体系（业态）计划、市场·顾客计划、财务计划、人事（人才）计划等都被称为经营计划（过程计划）。将经营计划转换成企业的收益性、财务性（利益与资金的应有状态）计划，便成为利益计划（结果计划）。另外，也可以将利益计划看成经营计划的一部分。

计划是管理的开始，没有计划就没有管理。之所以把计划地位抬得这么高，那就是旗帜鲜明地否定"无计划"，并且反对"只关注结果，不关注过程"的简单计划。

1. 按期间分类的经营计划

按期间分类，经营计划可分为长中期计划、年度经营计划、月度经营计划等。

长中期经营计划又被称为经营战略计划，关注成长性。年度经营计划又被称为经营战术计划，关注收益性。月度经营计划又被称为经营战斗计划，关注效率性、执行性、操作性，如表 4-1 所示。

2. 按计划对象分类的经营计划

按计划对象分类，经营计划可分为企业整体计划（如综合性计划）、部分计划（如事业部、区域的计划）、团队计划（如部门、店铺、项目、个别投资计划）等。

表4-1 按期间分类与按对象分类的经营计划的种类及其关系

对象	期间		
	长中期计划（3—5年）	年度计划（1年）	月、周、日计划
企业整体	企业整体长中期经营计划（过程计划、结果计划）	企业整体年度经营计划（过程计划、结果计划）	企业整体月、周、日经营计划（过程计划、结果计划）
部分	部分长中期经营计划（过程计划、结果计划）	部分年度经营计划（过程计划、结果计划）	部分月、周、日经营计划（过程计划、结果计划）
团队	团队长中期经营计划（过程计划、结果计划）	团队年度经营计划（过程计划、结果计划）	团队月、周、日经营计划（过程计划、结果计划）

对应表4-1，从企业整体来说，经营计划有上述9种。如果把经营企业比作一部戏，经营计划相当于这部戏的剧本，计划内容就是故事情节。

二、计划之间的关系

经营计划之间的关系有两种。一种是横向关系：首先制订长中期计划，然后年度计划根据长中期计划来制订，最后月度计划根据年度计划来制订。经营以年为计数单位，管理以月为计数单位，没有年度经营计划，月度经营计划则没有意义。二是纵向关系：首先制订企业整体计划，然后部分（阿米巴）计划根据企业整体计划来制订，最后团队计划根据部分（阿米巴）计划来制订。以连锁企业为例，企业整体指公司，部分指区域，团队指店铺。区域的计划要根据公司的整体计划来制订，团队计划则根据区域计划来制订。

所有计划起点在于整体的长中期经营计划，如果企业缺失整体的长中期经营计划，就会缺失前进的原动力和方向。所有计划的终点在于团队的月、周、日经营计划，如果没有团队的月、周、日经营计划，所有计划都是空中楼阁，企业经营计划无法闭环，得不到实施和实现。

企业在制订经营计划的过程中，往往缺失企业整体、部分、团队的长中期经营计划，部门长和员工因为看不清将来，就会过度追求眼前的短期利益，这往往会伤害企业和员工、企业和顾客的关系。

第三节
阿米巴经营计划概要

一、计划的目的

从 PDCA 的角度来看，P 计划是经营管理的开始，没有计划就没有管理。年度计划为企业未来一年的发展确定了目标，做计划就是规划为目标寻找资源的一系列行动。计划是管理中最基础的职能，也是最容易被人们忽略其管理价值的一个职能。经营计划不是一纸文件，年初上交，年底总结。总体来说，经营计划的目的有如下 5 项：

- 经营者、管理者能用具体的数值表示本公司或本部门一年的经营方针并加以认识（年度经营计划是经营方针的计数具体化）；
- 经营者、管理者就一年内的方针政策与本公司或本部门的成员达成意见上的统一，从而提高组织力（年度经营计划是全员意见统一的基础）；
- 明确体现月度实际业绩与月度计划的差异，为具体制订各月度的经营和管理对策提供依据（年度经营计划是月度方针政策的基准）；
- 经营者、管理者立足于年度经营计划，按照部门或组织分类，将权力授权给部门或下属（年度经营计划是经营权委让的基准）；
- 经营者、管理者按照年度经营计划，对企业整体、部分、团队、个人进行评价（年度经营计划是对员工进行业绩评价的基准）。

因此，对企业的运营来说，年度经营计划是必不可少的。

二、计划的对象

对公司来说，年度经营计划的对象就是公司整体，但经营管理会计的对象不是"公司",而是"企业",所以以经营管理会计为中心的年度经营计划的对象范围必须是企业整体的范围,其对象范围可以按照部门类别具体划分,见表4-2。

表4-2 企业的部门区分表(举例)

分类	业态		
	制造业	批发业	零售业
总公司部门	总经理、企划部、研究开发部、事业开发部、经营管理部、财务部、劳务部、信息部	总经理、企划部、研究开发部、事业开发部、经营管理部、财务部、劳务部、信息部	总经理、企划部、研究开发部、事业开发部、经营管理部、财务部、劳务部、信息部
事业部、区域	事业部长、技术、品质管理、成本管理、资材管理	事业部长,商品开发、渠道开发、总务、采购、业务	事业部长,商品开发、渠道开发、总务、采购、业务
部门或店铺	资材购买、工厂、产品、仓库、发货	办事处,分店,分公司、商品仓库	商品仓库、店铺、营业所

从顾客角度而言,越是对价值高低负责任的部门,越要关注年度经营计划,如商品开发部、生产部、营销部、采购部等。

三、计划的制订者

企业整体的年度经营计划的制订者是总经理。虽然是由企划部、总经理室或经营管理部承担计划制订的具体工作,但仍是在总经理的责任范围内实施的,所以总经理作为制订者是毋庸置疑的。

事业部或区域年度经营计划的制订者是事业部长或区域经理。不同的实践部门,如制造业企业的工厂、工程部门等,批发业企业的营业所、营销分点等,零售业企业的店铺等的年度经营计划,是由这些部门的部门长制订的。

如上所述,各部门责任者制订本部门的计划是制订经营计划的基本原则。如果事业部长代替营销部长制订营销计划,生产部长代替厂长制订工厂计划,并将计划强行推给下属执行的话,该计划将成为"没有灵魂的死计划"。也就是说，该计划是绝对不会成功的。

四、计划制订的基本思路

1. 宏观原则

从宏观角度看，年度计划制订基本包括七个步骤。

第一步：认识和把握经营水准现状。如果说认知将来是"知彼"，认知现状就是"知己"，不知己，何以知彼？如果不了解现状，肯定看不清楚将来。认知现状时，首先要把握优点，其次是不足。

第二步：洞察外部市场环境的变化。把握外部市场环境变化的趋势，如网商业态将会迎来新的突破，经营计划有必要顺势而为。当然，优秀企业是造势而为。

第三步：面对外部市场环境的变化，根据经营理念，明确经营远景（为什么干这个事业）和长中期计划。

第四步：明确长中期计划和现状的差距（定性和定量的差距）。假设今年的销售额是1亿元（现状），3年后（长中期计划）要做到4亿元的销售额，那么现状与长中期计划的销售额差距就是3亿元。

第五步：明确解决差距的基本路径。差距是3亿元，就需要明确解决3个亿差距的基本路径，一般有三条路径：一是先快后慢，如在未来3年，第1年、第2年的增长速度快，第3年增长速度放缓；二是先慢后快，如第1年、第2年的增长速度放慢，先打好基础，然后第3年的增长速度快；三是每年平均增长。这三条路径没有好与不好之分，只看是否适合企业。

第六步：根据所选择的基本路径，将所要解决的差距，分到每一年，从而制订年出年度经营计划。假如选择了第二条路径（先慢后快），未来3年里要解决3个亿的差距，确定每年要达成的销售额，把定性和定量的目标定下来。

第七步：将年度经营计划转化为月度计划、周计划和日计划，并转化为员工每天的工作。员工每天的活动跟企业的长中期计划连接。

制订经营计划过程中，最重要的是要把握好前三个步骤，如此一来，后四个步骤自然而然就制订出来。

2. 微观原则

从微观角度看，年度计划＝目标·方针×行动计划，关系如图4-2所示。

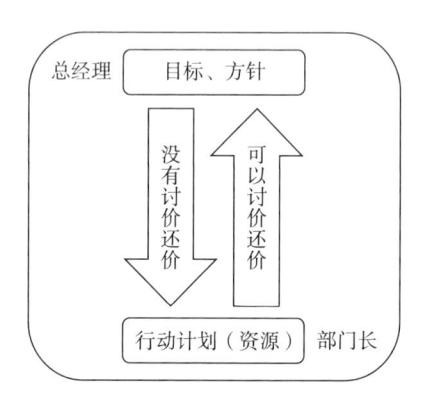

图4-2　年度计划＝目标·方针×行动计划

年度计划是公司和阿米巴业绩的衡量标准，促使部门产生内在动力，促进部门间合作，绩效管理找到了落脚点，有利于建立结果与过程导向兼顾的企业文化。现介绍年度计划的制订流程和要点。

（1）启动时间

对规模性企业而言，每年的第四季度初就该着手下一年的全面计划与预算的制订工作。规模较小的企业也应该在10月底启动。

（2）明确目标和基本方针

根据企业的发展战略和上一年的经营状况，制订出新一年总体经营规划与工作重点，形成明确的经营方针方案。年度经营方针包括六项要素：公司新一年的目标、主要任务指标、大谋略大路线、体制优化或调整重点、激励原则、资源投向。目标和方针是从上向下明确的，且是不可以讨价还价的，在这个过程中，上下达成共识。商场如战场，如团长命令连长一小时内攻下目标，连长必须执行命令，没有讨价还价的余地。达成共识的过程中，总经理应该做好如下准备。

①沟通：如部门长认为目标太高，总经理应与其沟通。

②再沟通：沟通之后还不同意，再沟通。

③强制执行：再沟通还不同意，强制执行。

④换将：强制无效就换人。

⑤自己上：没有适合的人选，总经理就要自己上，如果总经理没有自己上的勇气，目标很难达成共识。

计划制订之前，需要对企业发展战略与各阿米巴发展战略进行检讨和优化，指导计划预算投向重点。同时，提出企业的经营目标，并将经济目标在各阿米巴中分解落实。

（3）制订行动计划草案

部门长根据企业制订的目标和方针，制订出实现目标的具体行动计划。行动计划草案的要素包括：目标、预算、举措、策略、办法。不仅包含经济指标，还要包括重点业务目标和管理指标。

具体的行动计划是从下向上明确的，行动计划可以讨价还价。没有经过讨价还价制订出来的行动计划，往往成为没有灵魂的死计划。讨价还价的过程就是总经理与部门长就具体行动计划进行梳理、给予指导、达成共识的过程。

（4）制订计划的培训、指导

显然，总公司对新一年总体经营目标方针以及计划的模板，不能简单下发后就等着各阿米巴上交计划方案，这样等不来满意的结果，必须同步组织对阿米巴的培训和指导工作，即讲解公司总体目标、方针的内涵，沟通新一年全面计划与预算制订的指导思想和有关要求，介绍阿米巴计划模板的结构、衔接关系与重点。模板本身主要有三方面作用：第一，指导阿米巴计划预算工作，因为模板本身代表了计划预算制订思路；第二，强制锁定阿米巴需要制订的计划预算内容，需要阿米巴明确介绍计划预算内容；第三，规范阿米巴预算工作，同时为下一步的预算汇总和合并提供了对接标准和轨道。

总公司的经营管理部门，要根据经验和阿米巴实际情况预测可能出现的问题，开展有针对性的沟通和指导。例如，对指标的博弈就要提前做好准备，面对强势的阿米巴如何化解矛盾；阿米巴针对计划预算的保障措施要具体到什么程度。这些都要提出明确的指导意见，否则，交上来的计划预算方案或缺乏依据，或主导思想模糊。

（5）年度计划的草案审批

总公司和阿米巴两个层级的全面计划与预算管理是公司最重要的管控部分，由总公司经营管理部部长组织公司高层审批。由于计划审批流程相对复杂，因此，不宜采取投票方式，宜采取民主集中方式。而阿米巴、各职能部门内部部门计划预算审批则由阿米巴、职能部门长各自组织审批。

一级二级计划审批的规程如下所述。

①基于全面计划与预算工作的重要性，通常由公司总经理担任计划委员会主任，经营管理部部长主持会议召开，计划预算制订单位或部门负责人做详细汇报。汇报要说明三点内容：第一，阿米巴为什么说能完成经营指标？实现指标的思路是什么？第二，为什么说能落实相关思路？落实思路的主要安排是否可行？第三，确认行动计划（简称执行表）的明确性与合理性。

②会议通过提问、讨论流程后，由参会人员发表意见并阐述理由，最后，总经理发表结论性意见。

③计划审批一般会出现多轮讨论，即使计划预算经验丰富的公司也会出现这种情况。如未获得通过，则按照会议意见限期修改，重新上会。

④一般三次上会仍未通过的，在第四次会上就要确定以后诸次会议未通过处罚机制，被处罚人包括主管计划与预算的负责人、部门负责人。

（6）年度计划与预算的宣贯

主要形式是通过公司年度经营计划会议组织宣贯，需签订责任状（业绩合同），由总公司经营管理部组织召开会议和培训。总公司经营管理部门承担着一级、二级计划与预算的整体组织、规划、审核与监督执行、考核工作，阿米巴内部的管理部门则承担阿米巴计划的具体制订、执行的职能。

（7）全面计划与预算的实施

1）计划和预算框架下的授权

①自然授权。在计划和预算框架下，原则上一般性权力均已向阿米巴授予，即开展工作的思路不需要再请示，一般性费用凭借预算手册即可支出或报销。但大额费用，重要岗位的人员录用、解聘或计划有变、计划未界定的事宜均应请示或沟通总公司。

②特定授权。对于战略性项目或有关专项事宜，包括用人、大额费用使用的权力等，总经理可以全权授予。

2）月度计划预算的制订与季度计划预算的调整

第一，公司级、阿米巴级季度计划预算得到审批后，在每个季度的末月要重新确认下一个季度计划预算，原则上年度经营目标方针不宜大调整，除非情况确实有变。

第二，在制订季度计划预算的同时，要制订该季度第一个月的计划预算，以此类推，制订各月计划预算。

第三，月度计划预算原则上由总公司经营管理部审核、主管负责人签批即可。但当季度计划预算发生变化时，原则上要公司总经理，甚至计划预算委员会审批，走计划预算调整程序。

3）计划和预算外事项的特定审批

计划和预算外的事项要走特定审批流程，原则为：小的经营措施或预算增补需经由经营管理部、财务部、主管计划的负责人审核，总经理批准；大的举措或预算增补要由计划预算审批会审批。

注意：不论动作大小，都要做好下面四件事情。

第一，注意局部动作引起的连锁反应，维护计划的系统性。

第二，经营管理部需对计划外预算说明备案，意义在于指出原来的经营计划预算已有变化。

第三，经营管理部和财务部门要关注预算引起的效益等变化，即对全年经济目标的影响。

第四，如果在某个时点已经发现当年计划距离目标甚远，可根据形势及时调整总体计划预算，年度总结时，要综合考量。其大原则为：去除不可抗力导致的变化因素，考虑新计划的执行成效，对计划全局性调整给予定性，从而决定最终奖励与处罚方案。

（8）制订行动计划（执行表）时应有的心态

做计划的过程是非常"磨人"的，等到了制订行动计划这一步，不少企业基本处于有气无力或心焦气躁的状态，所以，行动计划执行表往往做得空洞无物、徒有形式，这就为后续计划检查工作开展埋下了"无标准可依"的隐患。执行表是计划落地的重要保障部分，所以做这张表时，负责人要活力满满、心平气和。

对于阿米巴计划管理，有三点认识需加深理解。

第一，阿米巴制订经营计划的行为应是自发的，而不是为了应付总公司。

第二，制订经营计划是阿米巴筹措资源、赢取支持的机会，要善加利用。由于要采取一系列动作，因此，公司就要在费用、人力上给予保障，甚至需要调整或出台有关政策，这些都可以随着计划的批准在年初得到落实。

第三，把总公司的审议当作对计划的优化和完善。尤其是阿米巴长，对于有价值的意见，应虚心接受。

五、计划的内容

年度经营计划包括年度利益计划。那么，除去年度利益计划，年度经营计划还包含什么计划呢？

1. 从宏观角度看经营计划的构成

（1）市场方针计划（市场＝顾客×业态×商品力）

①年度商品（产品）开发（管理）计划，要解决的问题：投放的市场正被模仿，明年商品力的特点是什么？如何开发出顾客满意的商品？技术壁垒如何突破？

②年度渠道、客户开发（管理）计划，要解决的问题：选择哪些顾客群体？顾客群体的需求是什么？会出现在哪个区域/平台？如何去接触/开发顾客？哪些市场已成红海，哪些仍是蓝海？

③年度销售体系开发（管理）计划，要解决的问题：今年要用何种业态才可以最快、最有效、最合目的地满足顾客需求？怎么优化企业的业态模式？

（2）年度体制方针计划（体制＝组织×人事×制度）

要解决的问题：今年组织要不要改变？制度要不要完善？人员配备要不要优化？

（3）年度要素方针计划（要素＝资金×人才×技术）

关注的重点：资金问题如何解决？人才问题如何解决？信息问题如何解

决？技术问题如何解决？

（4）年度企业文化方针计划（企业文化＝共通的价值观×共通的思维方式×共通的行动方式）

例如，今年企业要建立怎么样的价值观，要具有哪些思维方式，采取怎样的行动方式。

也就是说，年度经营计划是将商品力（产品）、市场、销售和生产体系，与人和资金结合起来，事先计划在下个年度内实现多少利益。这些计划的最终成果就是年度利益计划，年度利益计划的内容由四个计划构成：年度损益计划（P/L），如投入多少固定费，经营利益目标是多少，销售额目标是多少；年度生产性计划（效率计划），如固定费生产性是多少，劳动生产性要达到多少；年度财务计划（B/S），如库存管理问题如何解决；年度资金收支计划（C/F），如应收货款的问题如何解决。

广义的利益含有上述四个计划，但狭义的利益计划仅指年度损益计划与年度生产性计划。

市场方针计划、年度体制方针计划、年度要素方针计划和年度企业文化方针计划是过程计划，年度利益计划是结果计划。经营计划必须由过程计划和结果计划构成。但过程计划往往比结果计划更重要，因为过程计划决定结果计划。但大多数企业制订计划时，往往只关注结果计划。没有良好的过程计划，即使结果计划实现了，也是偶然实现的，而非必然。

2. 从微观角度看经营计划的内容

①Why，目的/目标。

②What，工作内容是什么。

③Where，对象/顾客是谁，在哪里。

④When，何时开始，何时结束。

⑤Who，担当者、检查者、指导者是谁。

⑥How，怎么做。

⑦How much，费用是多少。

经营计划的内容如表4-3所示。

表4-3 经营计划的内容

部门：　　　　　　　　　制表人：　　　　　　　　　时间：

序号	目标	工作内容	顾客	期间	人员	方法	花费
1							
2							
3							

第四节
阿米巴经营利益计划的计数思路与制订方法

计划有基准利益计划、挑战利益计划和标准利益计划三类，在这里我们先说明各个计划的含义。

一、基准利益计划

1. 含义

为了维持企业的经营活动，使企业能够继续生存下去，必须确保企业最低程度的成长，这时候所需要的利益叫作基准利益。

2. **依据**

（1）外部因素

①依据外部市场的变化。基于市场的变化趋势，判断市场现在和将来的生命阶段，明确最低程度完成的基准利益。比如市场现在处在萌芽期，未来3年会进入成长期，成长速度逐年加快，企业的成长速度要想超过市场的成长速度，就要投资，扩大企业规模，而投资资金来自利益，因此企业要获得可完成投资的最少利益。

②社会性变迁。社会性变迁所应对的是最低程度的投资金额，根据未来

所需的最少投资金额，明确明年基准利益目标。比如，由于社会性变迁对企业环保、员工工资、法定福利等标准的提升，企业必须在这些方面加大投入。

（2）内部因素

在新的一年，要想进一步调动员工的积极性，尤其在薪金分配上做到合理优化，有效手段之一就是要确保员工工资、福利等的增长。未来工资上涨是必然趋势，工资要上涨，就必须提高企业的人·月劳动生产性，未来人·月劳动生产性低的企业必然会被市场淘汰。如果企业是上市公司，就要确保股东的基本分红。因此，内外部的因素是企业制订基准利益计划的依据。

3. 条件

制订计划时，往年的数据只是参考。

4. 意义

基准利益计划是确保企业稳定运营的基础，是月度业绩管理会议的参照，是总经理和部门长向员工、顾客、股东承诺必须要实现的计划（是员工、顾客、股东满意的答卷）。

二、挑战利益计划

1. 含义

在基准利益计划的基础上，企业最大限度地发挥营销力和经营力，把握外部市场的机会，因而实现的利益叫作挑战利益。

2. 意义

人才的成长有两种方式：第一种方式在原有的路径上成长；第二种方式是创造性、跳跃性成长。挑战利益计划中的目标原则上应高于基准利益计划中的目标，从而促进员工创造性成长。

基准利益计划的完成保障了员工基本工资，挑战利益计划的完成是奖金的来源。因此，可以将超过基准利益计划的部分的一定比例作为奖金，以便激励员工成长。

挑战利益计划必须以基准利益计划为基础来制订。

三、 标准利益计划

标准利益计划是处于基准利益计划和挑战利益计划之间的计划，或者是行业平均的成长计划。原则上不建议企业制订标准利益计划。

四、 利益计划的计数思路

年度利益计划是"利益"计划，既不是销售额计划也不是费用计划。

制订企业年度经营计划的目的是追求利益，所以要计划如何实现这份利益。利益计划可用下面的公式来表现。

公式一：（×）销售额 – 费用 = 利益

主张"销售额一定，从中减去必要的费用后剩余的就是利益"。但是，利益是结果，以利益为中心的主张在这个公式中没有得到体现。

公式二：（△）利益 + 费用 = 销售额

该公式从主张利益的角度出发，主张"要确保必要的利益，加上必要支出的费用，然后明确必须确保的销售额"。该思考方式强调先于销售额而考虑费用，因为费用是必要的，为了确保这些费用的支出，必须实现这个销售额。根据该公式制订的利益计划，对营销部门来说，等于强制实现无视现实状况的销售额，结果往往是失败。

公式三：（○）利益 = 销售额 – 费用

首先设定必要的利益，接下来决定合理并且可能实现的销售额，从而明确只能支出的费用。利益体现企业的主张，销售额体现营销现实的状况及实现的可能性，企业要将费用控制在与之相适应的程度，进而彻底有效地活用费用。这是比较正确的思考方式。

现实的利益计划，其制订方式必须立足于公式三所体现的思考方式。但是，在实际经营活动中，年度计划是在"从下向上和从上向下"的探索过程中制订出来的。无论在怎样的状态下，决不可以忘记"利益的设定"优先于一切。

五、利益计划制订的演练

演练有两个目的：第一个目的是理解如何通过计数将经营方针·目标具体化；第二个目的是通过经营管理会计来制订基准利益计划。

1. 演练一

假设下个年度某公司的基准利益为2400万元，固定费维持在36000万元，边界利益率定于20%（见表4-4），请制订出年度的基准利益计划。

表4-4 年度利益计划表

1	销售额		100%
2	△变动费		
3	边界利益		20%
4	△固定费	36000万元	
5	经营利益	2400万元	

以经营管理会计的损益表的形式，填入所给数值。

根据年度利益计划的基本方针，可以得出表4-4。

下面根据损益表进行计算（见表4-5）：

① 边界利益＝经营利益＋固定费　　＝2400＋36000
　　　　　　　　　　　　　　　　　＝38400（万元）

② 销售额＝边界利益÷边界利益率　　＝38400÷0.2
　　　　　　　　　　　　　　　　　＝192000（万元）

③ 变动费＝销售额－边界利益　　　　＝192000－38400
　　　　　　　　　　　　　　　　　＝153600（万元）

表4-5 年度利益计划表

1	销售额	（192000万元）	100%
2	△变动费	（153600万元）	（80%）
3	边界利益	（38400万元）	20%
4	△固定费	36000万元	(18.7)
5	经营利益	2400万元	（1.3%）

2. 演练二

将下个年度某公司的基准利益设定为销售额的5%，假设固定费为48400万元，边界利益率（市场较差竞争力）为20%（见表4-6），请制订年度的利益计划。

表4-6 年度利益计划表

1	销售额		
2	△变动费		
3	边界利益		20%
4	△固定费	48400万元	
5	经营利益		5%

3. 演练三

下年度某公司的基准利益为20000万元，假设固定费维持在销售额的20%，边界利益率（市场较差竞争力）为25%（见表4-7），请根据以上的基本方针制订下年度的利益计划。

表4-7 年度利益计划表

1	销售额		
2	△变动费		
3	边界利益		25%
4	△固定费		20%
5	经营利益	20000万元	

4. 演练四

假设固定费为6000万元，固定费的生产性为130%，边界利益率（市场较差竞争力）超过上年度2个百分点，达到22%（见表4-8），请根据以上的基本方针，制订下年度利益计划。

毛利变纯利

表4-8 年度利益计划表

1	销售额		
2	△变动费		
3	边界利益		22%
4	△固定费	6000万元	
5	经营利益		
固定费生产性		130%	

5. 演练五

假设下年度某公司的基准利益是5000万元，假设固定费为20100万元，针对今年的实际业绩，制订年度方针（见表4-9）。

表4-9 年度方针

固定费细目	本年度	下年度的方针
人工费	9000万元	总额可增加3%
其他经费	11100万元	重新清理各项目，比上年度总额下降2%
固定费合计	20100万元	

边界利益率（市场较差竞争力）考虑到过度竞争的因素，对本年度的35%进行修正，计划下个年度降为34%（见表4-10）。请根据表4-9的年度方针，制订下年度基准利益计划。

表4-10 年度基准利益计划表

1	销售额		
2	△变动费		
3	边界利益		34%
4	△固定费		
5	经营利益	5000万元	

6. 演练六

假设下个年度某公司的基准利益为4705.4万元,将本年度的人·月劳动生产性（$\frac{边界利益}{正式员工人数} \div 12$）9万元/人·月提高10%,达到9.9万元/人·月。本年度公司的员工人数为200人,下年度在本年度的基础上增加10名员工,边界利益率（市场较差竞争力）维持在25%的程度（见表4-11）。请根据上述的年度基本方针,制订下年度的基准利益计划。

表4-11 年度利益计划表

1	销售额	
2	△变动费	
3	边界利益	25%
4	△固定费	
5	经营利益	4705.4万元
	投入人员数	210人
	人·月劳动生产性	9.9万元/人·月

7. 演练七

下年度的基准利益设定为5000万元。通过改善商品的结构,使边界利益率（市场较差竞争力）比本年度提高10%,达到27.5%（见表4-12）。

表4-12 年度利益计划表

1	销售额	
2	△变动费	
3	边界利益	27.5%
4	△固定费	
5	经营利益	5000万元
	投入人员数	
	人·月劳动生产性	10万元/人·月
	分歧点安全度	
	平均人工费	

毛利变纯利

把损益分歧点销售额设为 100000 万元。

固定费的构成比率如表 4-13 所示。

表 4-13 固定费的构成比率

固定费	构成比率
人工费	45%
设备费	20%
其他经费	28%
利息	7%
合计	100%

人·月劳动生产性要实现 10 万元/人·月的目标。请根据以上的年度方针，制订下年度的基准利益计划，计划出损益分歧点安全度，并进行评价，同时计算出最大可能的人员数和平均人工费。

稻盛和夫说过，"不懂算账（计数），就不懂经营"，如何通过计数表述经营的目标和方针，是经营者必须具备的一种能力。

第五节
阿米巴经营利益计划的制订顺序及其案例

以 A 公司的经营组织体系为例可说明年度利益计划的流程和顺序。A 公司是有店铺的高感性（时装）零售企业，按照品牌划分可分为 3 个标准阿米巴（A 事业部、B 事业部、C 事业部），每个事业部采取 P/L×B/S 分权，独立核算，并对本部门利益负责，如图 4-3 和表 4-14 所示。

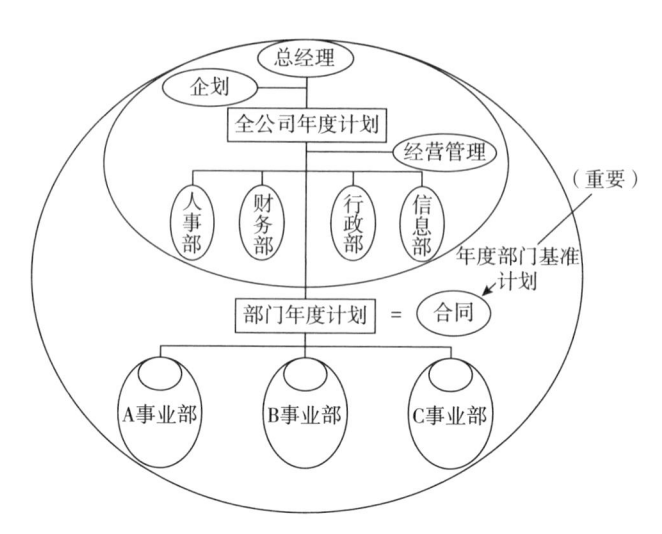

图4-3 A公司的经营组织体系

表4-14 年度利益计划损益表

项目		战术部门						战略部门		企业整体
		直线组织（部门）			直线※小计	总公司管理	战术部门※合计	SDU（新事业开发）	经营企划	
		A事业部	B事业部	C事业部						
销售额	1									
变动费	2									
边界利益	3									
边界利益率	4									
固定费	※人工费	5								
	设备费	6								
	其他经费	7								
	资金利息	8								
	※计	9								
贡献利益	10									
总公司费用分摊	11									
经营利益	12									

毛利变纯利

一、利益计划损益表的横列说明

1. 含义

横列体现企业组织的账户科目体系，总经理直接管理的所有组织（部门）都要体现出来，同时每个组织都要成为独立核算的单位。

2. 构成

①战术部门的使命是追求短期（年度）利益，分为两类：一是直线组织（独立核算部门），如事业部、营销部、生产部、采购部等；二是点线组织（总公司管理部门），如经营管理部、财务管理部、信息管理部、人事管理部、总务管理部、监察部等。

②战略部门的使命是追求长期发展，分为两类：一是SDU（新事业开发），P1—P5阶段的所有事业；二是经营企划部。

上述的长期使命和短期使命是一对矛盾，矛盾要通过年度利益计划的制订加以解决，总经理必须将有限的经营资源（人、财、物）合目的地、合理地、高效地分配给战术部门和战略部门。

3. 战术费与战略费

①战术费是由战术部门（事业部、生产部、销售额、采购部、总公司管理）支出的费用，该费用的支出在1年之内必须结束，同时效果必须在当年体现出来。战术费的支出原则是必须做到零风险（投资＝回收）。因此，我们对变动费要按"率"来管理，对固定费按"额"来管理。

②战略费是由战略部门（SDU、经营企划）支出的费用，该费用在当年度支出的效果往往在一年以后才会体现出来。战略费本质上不是费用，而是投资，是利益的组成部分，如果不投，就会作为利益完全保留下来，换言之，既然是投资，就会有一定的风险。企业重视战略还是重视战术，判断的标准是看企业投入的战略费用和战术费用各自的比率是多少。

二、 利益计划损益表的纵列说明

1. 含义

纵列体现了企业计算账户科目，同时也体现了企业经营活动。比如，销售额是营销活动的结果，因此销售额的数字要改变，营销活动的内容及方式必须要改变。

2. 构成

（1）贡献利益

贡献利益是企业各独立核算部门（直线部门）对企业整体所贡献的利益。渡部婚纱的总经理说过："贡献利益这个项目给我们企业的发展带来了极大的帮助，我们要根据各部门的贡献利益对各部门的经营资源进行客观的分配和评价，通过导入自由竞争的机制，促进各个部门对贡献利益的竞争。"

（2）经营利益

贡献利益减去总公司费用的分摊就是经营利益。

（3）总公司费用及其分摊

总公司费用是总公司管理部门（经营管理部、人事管理部、财务管理部、信息管理部、总务管理部等）所支出的费用。具体包括：总公司管理部门的人工费、设备费、其他经费、固定资金利息等，不包含新事业开发和企划等战略费用。由于总公司管理部门没有直接获取销售额，但是又要支出相应的费用，因此总公司所支出的费用要分摊给直线部门。

三、 利益计划制订的顺序及推演案例

（1）第一步：A 公司召开经营会议，以各事业部门的原方案为基础，讨论下年度的基准利益计划，结果是先决定实现表 4－15 中的 2000 万元①的经营利益

表 4-15　A 公司的基准利益计划

(单位：万元)

项目		战术部门					战略部门		企业整体
		直线组织（部门）			直线 ※小计	总公司管理	企划营销（SDU）	企划（人才·技术）	
		A事业部	B事业部	C事业部					
销售额	1						6000		
变动费	2						4500		
边界利益	3						1500		
边界利益率	4	(％)	(％)	(％)	(％)		(25％)		(％)
固定费	※人工费 5						1000	1000	
	设备费 6						60		
	其他经费 7						900	500	
	资金利息 8						40		
	※计 9						2000		
贡献利益	10						△500	△1500	
总公司费用分摊	11								
经营利益	12				4000④		△500③	△1500②	2000①

接着探讨战略的推进，决定在战略人才的引进培养和新事业开发方面投入 1500 万元②，在企划部门投入（SDU 新事业开发）500 万元③，最后决定把战术部门的经营利益定为 4000 万元④。

在考虑分摊 4000 万元的利益时，A、B、C 三个事业部部长都想少承担，因此，对利益的分摊可以先缓一缓。

(2) 第二步：A 公司部门类别固定费的决定及经营利益的分摊（见表 4-16）

以总公司管理部门、各事业部的原方案为基础，探讨下年度的固定费，决定了表 4-16 中的部门固定费⑤。总公司费用需要 1500 万元⑥，接着以各部门的固定费为基础，明确各部门所承担的经营利益⑦。

第四章　阿米巴经营利益计划的制订与实施

表4-16　A公司部门类别固定费的决定及经营利益的分摊表

(单位：万元)

项目			战术部门					战略部门		企业整体
			直线组织（部门）			直线※小计	总公司管理	企划营销（SDU）	企划（人才·技术）	
			A事业部	B事业部	C事业部					
销售额		1						6000		
变动费		2						4500		
边界利益		3						1500		
边界利益率		4	(％)	(％)	(％)	(％)		(25％)		(％)
固定费	※人工费	5	3500	3000	2630	9130	1000	1000	1000	12130
	设备费	6	210	180	160	550		60		610
	其他经费	7	3150	2700	2360	8210	500	900	500	10110
	资金利息	8	140	120	100	360		40		400
	※计	9	7000	6000	5250	18250⑤	1500⑥	2000		23250
贡献利益		10					△1500	△500	△1500	2000
总公司费用分摊		11								
经营利益		12	1530⑦	1320⑦	1150⑦	4000④		△500③	△1500②	2000①

考虑投入固定费总额时，首先考虑的是人工费，未来人均工资的上涨是必然趋势，因此要确保人均工资最低程度的增长。

经营利益分摊的原则：将经营利益按照各直线部门的固定费占总固定费的比率分摊。也就是说，哪一个事业部占有的固定费多，经营利益分摊的比率就高，因为固定费体现的是生产力规模的大小。

(3) 第三步：A公司的总公司费用对各直线部门的分摊（见表4-17）

A公司对如何将总公司费用分摊到各事业部进行了探讨，将总公司费用按照各部门的总人工费为基础分摊到各部门，从而明确各部门的贡献利益。

表4-17 A公司的总公司费用对各直线部门的分摊表

（单位：万元）

项目		战术部门					战略部门		企业整体
		直线组织（部门）			直线※小计	总公司管理	企划营销（SDU）	企划（人才·技术）	
		A事业部	B事业部	C事业部					
销售额	1	16560	15620	15180	47360		6000		53360
变动费	2	7450	7810	8350	23610		4500		28110
边界利益	3	9110	7810	6830	23750		1500		25250
边界利益率	4	（55%）	（50%）	（45%）	（50%）		（25%）		
固定费	※人工费 5	3500	3000	2630	9130	1000	1000	1000	12130
	设备费 6	210	180	160	550		60		610
	其他经费 7	3150	2700	2360	8210	500	900	500	10110
	资金利息 8	140	120	100	360		40		400
	※计 9	7000	6000	5250	18250⑤	1500⑥	2000		23250
贡献利益	10	2110	1810	1580	5500	△1500	△500	△1500	2000
总公司费用分摊	11	575	493	432	1500⑧				
经营利益	12	1530⑦	1320⑦	1150⑦	4000④		△500③	△1500②	2000①

总公司费用分摊的原则：将总公司费用按照各直线部门的人工费占总人工费的比率分摊。哪一个事业部的人工费多，总公司费用分摊的比率就高。由于A公司是高感性（时装）零售业企业，所以人工费集约度非常高，活用和优化人工费至关重要，因此A公司基于各直线部门人工费占总人工费的比率，将总公司费用进行分摊。企业不同，总公司费用分摊的标准也是不同的。

第五章
阿米巴经营业绩分析与改善

上章讲解了PDCA经营管理循环中的"P计划"（利益计划的制订与实施）。本章将要介绍经营管理循环中的C检查（业绩管理制度）。企业通过"C检查"来实现"P计划"。

召开月度业绩管理会议的目的是对各部门的业务开展流程化、标准化和制度化的管理，从而培养出更好的梯队化人才，提高各部门的经营管理能力。在粗放经营年代，企业能够召开年度会议、半年度会议就可以了。但是随着经营管理的精细化，对企业PDCA循环的精度和速度的要求都要提高，企业必须召开：
· 年度计划制订会议；
· 半年度或季度会议；
· 月度业绩管理会议；
· 周度业绩管理例会；
· 日度业绩管理例会。

第一节
阿米巴经营业绩管理

一、 业绩管理制度的建立

在 PDCA 循环过程中，在 C 检查环节中出现的问题最多、最严重。一旦 C 检查断环，D 实施环节就不到位或不彻底，从而 P 计划的精度和速度难以保证，结果就是大家随意订个计划就去实施，最后企业按计划发提成和奖金，其他就不管了。

一家企业推行阿米巴经营模式后，在每个月最后一个星期三召开业绩分析会，各区域的所有经理和督导不管多忙都要回到总公司参会，这个制度已经实施 5 年了。开始大家不习惯，参会很随意（看手机、接电话），总经理一气之下就把一桶水放到会场，谁看手机、接电话就把手机放到水里。现在这个会议开得很好，效率很高，会议上解决了很多问题。

产品有产品的品质，经营管理有经营管理的品质，产品的品质由经营管理的品质来决定。经营管理的品质 = PDCA 的精度 × PDCA 的速度，精度是制订的计划与实际业绩的吻合程度，如当月月初制订的计划与月末的实际业绩的吻合程度；速度是 PDCA 循环一圈所需要的时间，时间越短，速度越快。PDCA 循环包括年度、季度、月度、周度、日度、每小时的循环。一般来说，所有企业必须至少做到月度循环，零售业总公司要做到周循环，店铺做到日循环。

松下电器每天早会都要做 PDCA，每个人都要说说今日的计划，如今天的目标，如何实现目标，需要哪些部门配合。每天下班前还要开夕会，每个人对今天目标的完成情况进行总结，未完成者，找出问题，明确明天的修正方案，这样一天的 PDCA 就完成了，接下来是第二天……

因此，总公司必须把下列六点要求制度化，即业绩管理制度。

- 计划应以月度为单位；
- 每月月初，企业整体和各部门要制订计划；
- 当月结束后的 3 个营业日内，将当月的实际业绩与月初制订的计划进行对比；
- 把握差距及产生的原因，并进行分析；
- 指导并协助部门长制订及实施对策。

人们总认为 PDCA 循环的速度越慢，精度就越高，这是错误的认识。管理品质的提高靠加快速度，从而提高精度，这就是管理的要诀。PDCA 循环的速度要加快，精度要提高，就需要企业持续地循环，这对经营管理来说是最难的课题，因此企业有必要制订业绩管理制度。

二、业绩管理的意义

第一，将年度计划分解到每个月，做出月度计划，通过月度业绩管理提高月度计划的精度和速度，从而确保年度计划的实施和实现。

第二，通过月度业绩管理会议，总公司管理层和部门长了解企业问题并分类，明确对策，将企业文化传递给部门长，从而更好地培养人才。

第三，通过月度业绩管理，使得总公司管理层和各部门长通过业绩分析报告就能了解现场、贴近现场，更好预测外部环境的变化。

第四，通过月度业绩管理，建立经营管理会计体系，实现数字化经营，用数据去说话，用数据反映出企业问题并加以解决。

三、业绩管理的方式及方法

管理业绩的方式是召开月度业绩管理会议，也称为偏差会。该会议是将阿米巴经营模式在企业落地实施的重要方式之一，因此，业绩管理会议要定期召开。管理业绩的方法是损益预测实绩分析法，预测指计划，实绩指实际业绩。损益预测实绩分析法就是比较分析计划损益表和实绩损益表，把握计划与实际的差距，明确对策的一种方法。对策要明确责任人，如何整改，监督整改的责任人，整改不力将如何处理等。这些都是业绩管理会议上要讨论的主要内容，也是业绩管理会议推进工作的步骤和流程（见图5－1）。

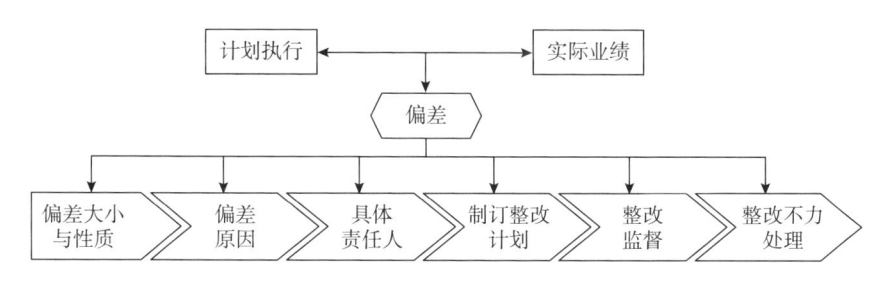

图5－1　业绩管理会议推进工作的流程

损益预测实绩分析法是一种业绩管理方法，较适合于企业整体以及能计算损益的部门。这种方法要求企业总公司具有较明确的目标与较强的计划管理能力，能够建立科学、有效的利益计划管理体系，能够根据目标缺口、计划偏差发现问题、实施管理。对比分析计划与实际业绩是一套衡量和保障业绩的标准方法，凡是偏差都是总公司的发力点。

毋庸置疑，从偏差出发开展的管理很有目的性，容易奏效。因此，损益预测实绩分析法本身是一套业绩管理和推动工具，总公司就是运用这样一套工具进行阿米巴的业绩管理和评价的。

业绩管理会议的召开必须制度化，每月在总公司与阿米巴两个层面召开，要盯紧计划预算执行情况。阿米巴召开业绩管理会议时，总公司要派有关人员参会。总公司的业绩管理会议是公司最重要的会议之一，总经理要亲自主持，并做好会前的一系列准备工作。只有这样，才能开出效率高、有成果的会议。召开业绩管理会议要注意几个事项：第一，业绩管理会议召开前一定要做好相关资料的准备，提交偏差分析报告到经营管理部；第二，业绩管理会议由经营管理部部长组织，总经理主持，企业整体及各方汇报；第三，业绩管理会议后，制订或修改下个月的计划预算；第四，总结上个月的纠偏措施是否奏效。

计划偏差工作中，还有一项重要工作就是计划调整和增补情况分析。经营计划毕竟是一种经营的预测，因此难免出现计划不准、考虑不周的情况，而且，计划执行以年度为周期，年度中行业政策、市场形势、经营条件等都可能出现变化，有些变化是公司无法预测的，此时，调整计划在所难免。如果计划确实出了差错和漏洞，企业需要针对某方面工作或某个具体事项增补计划。对计划的管理原则是：第一，计划的调整或增补要经过公司审批，如果调整幅度较大，还要召开计划预算会议；第二，不论市场形势出现怎样的变动（除去不可抗力），调整或增补计划都要承担计划预算考虑不周的责任。

四、 业绩管理的管控

1. 计划预算述职会的召开

对于整体计划预算持续完成不好，或个别阿米巴出现较大计划预算偏差的情况，公司总经理要及时召开计划预算述职会，其三个目的是：集中讨论问题，寻找解决办法；敦促责任人改善计划预算完成情况；如果责任人找不到有效解决办法，可以考虑"中途换将"，这是没有办法的办法。

2. 与经营管理部、财务部的沟通

公司总经理、阿米巴长、各管理部负责人应保持与总公司经营管理部、财务部的随时沟通，说明计划预算执行情况，听取意见和建议。经营管理部、财务部及时帮助各部门解决问题，并提供相应支持。

3. 季度与半年会议的召开

一般情况下，要召开公司季度和半年计划会议，集中总结计划预算执行情况，并筹划下一阶段的计划预算。

4. 三张报表的状态反映

这里的三张报表指的不是财务三大报表，而是阿米巴经营管理会计报表、业务报表、战略报表。企业不仅要有经济收益还要有战略和运营收益，因此，旨在反映企业经营状态的三张报表一定要设计好（见图5-2）。

①业务报表主要反映业务状态，包括截至某时间点的阿米巴签单数、发货量、中标率、市场占有率、主流产品开箱合格率、产品质量情况、产品结构、业态结构、客户结构、供应商结构、进店数、转化率、客单价、购买频率等。

②战略报表主要反映战略状态，包括：公司及阿米巴战略计划执行情况、渠道建设情况、主流新品销售额、新品研发状况、组织和团队建设目标推进情况等。

图 5-2　企业的三大报表

这里有三点需要说明：第一，企业及阿米巴运营及发展良性与否的状态反映要通过三大报表来实现，而不仅仅是财务报表；第二，逐步将战略报表、业务报表、经营报表做细，要使之成为公司总经理班子案头的必备分析工具，形成一套比较完善的企业运行晴雨表；第三，以上三大报表由公司经营管理部设计、制订，并专呈公司总经理、重要职能管理部门长、阿米巴长等有关人员。

5. 关于销售额

①计算累积收入计划完成率、同期累积增长率。

②提供清晰的结构性收入，看清主要收入来源。

③尤其关注新品、新区域、新行业、新用户、新项目团队收入增长情况。

④注意优化各阿米巴的收入与确认方法，使得绩效利润的核算更合理、更简单。

⑤分析、总结提高收入的思路、方法。

6. 关于成本与费用

①一般计算做法是"销售额－成本费用＝利润"，经营管理会计做法是"销售额－变动费＝边界利益""边界利益－固定费＝经营利益"，将成本费用分成固定费与变动费两部分，为判断边界利益、盈亏平衡点提供数据。变动费与销售额成正比例增长，所以为变动费用设置用于管控的费率值，部门长按比率管理；固定费是相对固定的，所以为固定费用设置预算额，部门长按绝对额管理。

第五章　阿米巴经营业绩分析与改善

②针对具有较大压缩空间的常规费用项进行重点及连续监控，如原材料成本、主要生产与安装耗材、销售及服务差旅费等。

③单列本阿米巴的公共费用、总公司分摊费用，寻找节流途径。

④做好当期效益与发展储备工作之间的平衡，避免发生急功近利的短期行为，为此，在费用合理集约的前提下，对发展性工作（如人才储备、研发及工艺改造、培训学习等）适度投入。

7. 关于边界利益与经营利益

①对比计划指标及上年同期，计算累计完成率及增长率。

②按照不同维度计划边界利益率（如果上年无法计算边界利益率，亦可计算毛利率）及经营利益率水平，同时，核算平均边界利益率及总体经营利益率。

③分析边界利益与经营利益贡献结构，结合产品、区域、客户、新业务等维度进行分析，辨别盈利业务与亏损业务，为下一步的业务增减、事业结构调整、重组及资源投向调整做准备。

8. 关于现金

①计算回款率，列表分析现金流入流出，计算净现金流量。

②列表分析陈欠款、呆滞物料、库存积压情况。

③以经验值为标准，通过利润与现金的比值监控现金流情况。

④制订现金短缺预案。

9. 关于人·月劳动生产性、人工费生产性与单位时间核算

因为年度指标是既定的，那么人·月劳动生产性、人工费生产性与单位时间核算值就大概被锁定了，但为了进一步推动阿米巴开展内部挖潜活动，强调这些均值还是有意义的。例如，通过优化人才结构，用更少的人或更少的薪酬总额能够创造同等或更多的价值。

10. 关于政策

①对发展储备费用，尤其是研发费用、高端人才储备费用应积极申请优惠政策，尽量做到多年分摊。

②对于一事一议的特殊合同审批，为提高效率，可申请优惠总额政策。

③对于内部供货价格或服务价格，应积极降低成本费用或提高价格。

毛利变纯利

④阿米巴无法控制的费用原则上不应计入。

11. 关于奖金模拟测算

按照公司颁布的阿米巴业绩评价与奖金分配办法，根据实际数据模拟考核和实得奖金测算，发挥鼓舞团队士气或激励团队的作用。

第二节
阿米巴经营损益预测实绩分析

一、损益预测实绩分析的含义

年度经营计划的目的：经营者和管理者通过具体的数值体现企业或部门的年度方针；经营者和管理者统一企业或部门成员关于企业一年经营方针和政策的意见，作为提高组织力的手段；经营者和管理者将年度经营活动的实践分配给阿米巴，这是委让权限给巴长的基础。

因此，年度经营计划对于组织运营来说是必不可少的。

而年初制订的年度计划要具体发挥效力，年度内如何运营年度经营计划是非常重要的。年度计划运营方式的中心内容就是月度预测实绩分析。下面介绍这种分析方法。

在计划阶段，各部门的月度损益计划（利益计划）被预订，整个企业或各部门的责任者被责成必须实现这个月度损益计划（日程）。因此，月度损益计划必须是可以实现的基准计划，月度损益计划必须明确其责任者的责任。

因此，月度损益计划必须从年度损益计划出发，综合各种变动因素之后再制订。

年度计划被分解成月度计划，月度结算必须在经营管理会计的计算体系中进行。该月度计划要在年度计划被制订出来的相同体系，即相同的损益科目体系、相同的部门科目体系下进行，如果做不到这一点，就不可能比较计划与实际业绩。

月度结算要在月度结束后三个营业日内制订完毕，并呈送给相应负责人。月度结算时，必须提供月度损益计划比较分析资料。月度结算部门责任者的月度评价表跟部门长的工资、资金、升迁挂钩，这一认识必须成为企业文化的一部分。

每个月，原则上进行月度结算的三个营业日内，各部门长或企业总经理，应该亲自比较分析月度的损益计划与月度损益实绩的差距，挖掘出问题所在，并研究相应的对策。

每个月都要快速做出月度决策，分析预测实绩，明确问题，制订对策。这个管理周期的实施是确保实现年度经营计划的基础。

如上所述，对月度损益计划与月度损益实际业绩进行充分的比较分析，才能最大限度地活用年度经营计划经营管理企业。

比较月度损益计划与月度损益实际业绩的方法，被称为预测实绩分析法，是通过比较分析年度各月的损益（利益）计划与由月度结算得出的各月的损益实绩的差距，计数分析、整理出经营课题和管理课题的方法。损益预测实绩分析起到了连接年度利益计划与月度结算的作用。

二、 损益预测实绩分析的目的和机能

损益预测实绩分析包括两个层面的内容：一是如何确切实施整个公司年度损益（利益）计划的月度类别的计划，它比较整个企业的月度类别计划与各月度的实际业绩，讨论其差异，分析其原因，并明确对策；二是如何确切实施各个部门（区域、营业所或各项目）的年度计划的月度类别的计划，它将各部门的月度类别的计划与各月度的实际业绩进行比较，把握差异，分析原因，并明确对策。理解了上述损益预测实绩分析的内容后，就理解了损益预测实绩分析的目的和机能。

1. 微观目的和机能

对比月度利益计划与月度实际业绩，实施月度利益计划的预测实绩分析，从计数角度明确课题及原因。

2. 宏观目的和机能

通过月度预测实绩分析，经营者和管理者可以正确认识企业或部门的年度方针和计划在何种程度上（数值化）得到实施，统一各方意见，提高组织力（企业文化）。

通过月度预测实绩分析，经营者和管理者可以认识以年度经营计划为基础的分权体制的成果，从而判断和评价分权状态，调整经营组织的管理方式。

通过月度预测实绩分析，整理发现的问题，将研究战斗性课题及制订对策的工作委任给战斗部门的责任者；将研究战术性课题及制订对策的工作委任给战术部门的责任者；战略性课题作为综合课题由经营总经理承担，从而明确战略、战术、战斗部门的职责，确保经营目标的实现。

三、预测实绩分析的对象

1. 预测实绩分析的三种类型及对象

从计算管理体系的水准和预测实绩分析的关系来看，预测实绩分析可做下列分类。

（1）数值预测实绩分析

多用于以个别的数值来表示的企业或部门的特定项目的计划，例如，对销售额计划、成本计划、人工费计划、劳动时间计划等进行计划数值和实际业绩数值的比较分析。这是对年度经营计划只有初步认识时的预测实绩分析的形态。

（2）费用预测实绩分析

费用预测实绩分析是对费用计划进行预测实绩分析的方法，在费用计划与费用实绩的对比分析方面有意义。

（3）损益预测实绩分析

对企业或部门的计划不是用个别数值来计算，而是用损益计划的体系来表示，即计划是以"利益 = 收益 – 费用"的形式来表示的。通过比较计划损益与实绩损益进行预测实绩分析，这就是损益预测实绩分析。

只分析某些特定单一数值的业绩管理的方式，不足以达到全面分析的目的。因为单一指标需要因时因地配合整体经营的策略，它的盈亏不能代表整体情况。

某些单一数值例示如下：
- 销售额预测实绩分析；
- 生产额（量）的预测实绩分析；
- 接受订货件数（额）的预测实绩分析；
- 订立合同件数（额）的预测实绩分析；
- 顾客投诉发生件数的预测实绩分析；
- 事故发生件数的预测实绩分析；
- 次品发生件数的预测实绩分析；
- 劳动时间的预测实绩分析；
- 加班劳动的预测实绩分析；
- 直接劳务费的预测实绩分析；
- 人工费总额的预测实绩分析；
- 差旅费的预测实绩分析；
- 接待费的预测实绩分析；
- 通信费的预测实绩分析；
- 教育培训费的预测实绩分析。

从现金主义的立场出发，费用预测实绩分析就是支出的预测实绩分析。它分项目地对年度或月度的费用（支出）进行计划，并将其作为企业或部门的计划。一般存在两种情形：一是企业的费用预算计划应当是为了获取销售额才支出的，当企业没有销售额时，通常也会把费用预算按计划花掉，如企业内后勤、运输、信息、促销、管理、会计、人事、教育、训练等部门的费用计划；另一种情形是虽然有销售额，但因为计算技术或体系的不发达而仅有费用计算（计划）。

但是，无论哪一种情形，作为上述费用预测实绩分析对象的费用（支出）计划的体系，统称为"单一数值预算管理制度"，它和以损益计划为基础的"利益管理制度"是不同的。

2. 利益计划（损益计划）的项目对象与预测实绩分析

下面从利益计划（损益计划）的对象分类的角度来研究预测实绩分析对象。利益计划的计划对象、项目对象，从计算体系的角度看来，如表 5-1 所示。

表 5-1　经营管理会计损益表

销售额	××××
△变动费	×××
边界利益	×××
△固定费	×××
经营利益	×××

表 5-1 中的五项都是预测实绩分析的对象。由于利益计划是根据这五项制订出来的，实际业绩也是根据其计算出来的，因此这五项成为预测实绩分析的对象，分别形成销售预测实绩分析、变动费预测实绩分析、边界利益预测实绩分析、固定费预测实绩分析和经营利益的预测实绩分析。

实际上，仅有各个项目的预测实绩分析，还不能准确理解利益计划（损益计划）和利益实绩（损益实绩）。只有当各个项目有机结合为一个整体时，企业才能够真正理解损益预测实绩分析。

3. 利益（损益）计划的对象部门与预测实绩分析

有些企业把企业看作整体来制订利益计划，有的把企业分成直接部门和间接部门，然后综合二者制订整个企业的利益计划。再进一步的做法就是有的企业引进独立核算制度，将企业分成直接部门和间接部门，直接部门根据营销的种类、市场的种类或部门的范围，划分为数个计算单位和责任单位，每个单位制订自己的利益计划；间接部门分成总公司部门和总部部门，再根据需要细分为多个计算单位，各个单位部门制订自己的利益计划（实际上间接部门没有损益，也就是没有销售额，所以只有费用计划），将上述的直接部门与间接部门的计划根据年度经营基本方针进行综合，制订整个公司的利益计划。利益（损益）计划的对象部门与预测实绩分析如图 5-3 所示。

部门 项目		阿米巴						总公司		企业整体合计
		直线阿米巴部门				总部				
		第1工厂	第2工厂	第1营销	第2营销	技术	管理	总务	财务	
销售额	1									
变动费	2									
边界利益	3									
固定费	4									
经营利益	5	(+)	(+)	(+)	(+)	(−)	(−)	(−)	(−)	(+)

← 直接部门 → ← 间接部门 →

← 损益预测实绩分析的对象 → ← 费用预测实绩分析的对象 → 损益实绩分析的对象

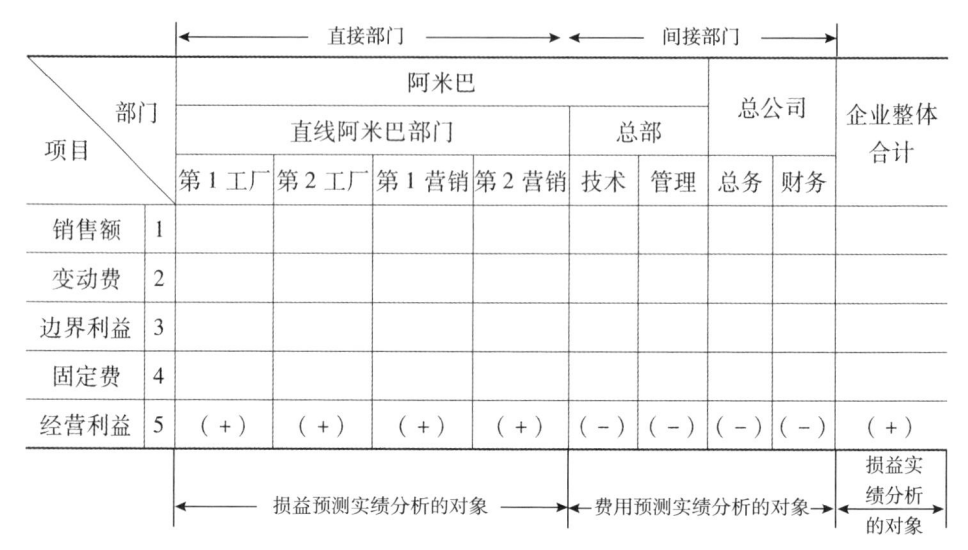

图 5-3 利益（损益）计划的对象部门与预测实绩分析

四、损益预测实绩分析的内容构成

损益预测实绩分析的内容分类如图 5-4 所示。

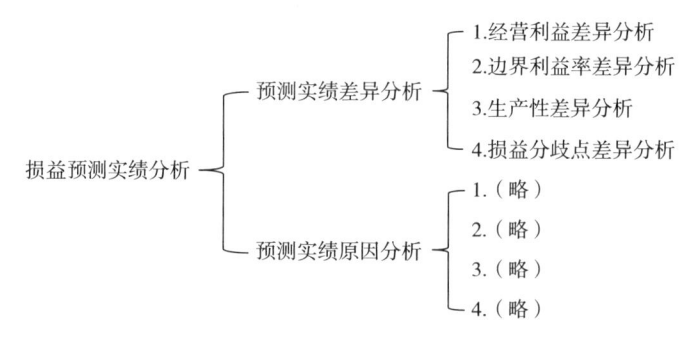

损益预测实绩分析
- 预测实绩差异分析
  1. 经营利益差异分析
  2. 边界利益率差异分析
  3. 生产性差异分析
  4. 损益分歧点差异分析
- 预测实绩原因分析
  1. （略）
  2. （略）
  3. （略）
  4. （略）

图 5-4 损益预测实绩分析的内容（机能）分类

①经营利益差异分析：对上部构造与下部构造的整体性分析，通过整体性分析，把握经营利益差异产生的原因，并明确课题的优先顺序。

②边界利益率差异分析：对上部构造的分析，通过该分析，把握边界利益率差异产生的原因，从而明确变动费课题的优先顺序。

③生产性差异分析：对下部构造的分析，通过该分析，明确生产性下降

的原因，进行体制和要素政策的分析，从而明确课题的优先顺序。

④损益分歧点差异分析：通过该分析，把握收益构造恶化的原因及对策，并明确对策的优先顺序。

五、 损益预测实绩差异分析的方法

我们先举个具体事例，然后对经营管理会计损益表中的经营利益差异分析的结构加以说明。

1. 经营利益差异分析的通常做法

某公司做完 8 月的月度决算，编制了计划与实际业绩比较报告书。请分析该报告书，并整理问题，见表 5-2。

表 5-2　计划与实绩比较报告书

项目	预测实绩	
	8 月计划	8 月实际业绩
销售额	28400 万元（100%）	26980 万元（100%）
变动费	21584 万元（76%）	19965.2 万元（74%）
边界利益	6816 万元（24%）	7014.8 万元（26%）
固定费	4544 万元（16%）	4316.8 万元（16%）
经营利益	2272 万元（8%）	2698 万元（10%）

该公司经营管理部部长通过观察并分析 8 月的月度计划与实际业绩，做出下面的报告：

①实际销售额没有完成计划，达成度为 95%。

销售额达成度 = 实际销售额 ÷ 计划销售额 × 100%

$\qquad$ = 26980 ÷ 28400 × 100%

$\qquad$ = 95%

②边界利益率上升 2%，其结果是边界利益超出了计划目标。

实际边界利益 - 计划边界利益

= 7014.8 - 6816

= 198.8（增加额）

③实际固定费同计划相比下降了5%，节省支出的努力很见成效（见表5-3）。

表5-3 实际固定费下降5%

计划固定费	4544万元（100%）
实际固定费	4316.8万元（95%）
差额（减少额）	227.2万元

④计划的经营利益占计划的销售额的8%，即2272万元；而实际经营利益为实际销售额的10%，即2698万元。

一般来说，这种程度的报告只能称为分析报告。因为这种程度的分析无法回答以下问题。

<问题1>计划销售额28400万元，实际销售额为26980万元，销售额下降了5%，使得计划经营利益减少了多少呢？

<问题2>边界利益率由计划的24%上升到26%，这一事实会对计划经营利益产生什么样的影响呢？

<问题3>计划固定费为4544万元，实际固定费则为4316.8万元，下降了227.2万元，这对计划经营利益又有怎样的影响呢？

<问题4>如果该企业认为计划是可行的，那么9月企业应该把对策的重点放在哪里呢？又如何明确对策及其优先顺序呢？

仔细思考就会明白，上面的一般性分析根本回答不了上述问题。实际上，大多数企业都停留在一般性分析的层面上，而且还认为已经完成了损益表的预测实绩分析。因此，下面将与大家研究真正的预测实绩差异分析（即经营利益差异分析）。

2. 经营利益差异分析实例（真正的预测实绩差异分析）

见表5-4。

表 5-4 计划与实绩比较报告书

项目	预测实绩	
	8月计划	8月实际业绩
销售额	28400 万元（100%）	26980 万元（100%）
变动费	21584 万元（76%）	19965.2 万元（74%）
边界利益	6816 万元（24%）	7014.8 万元（26%）
固定费	4544 万元（16%）	4316.8 万元（16%）
经营利益	2272 万元（8%）	2698 万元（10%）

该公司 R 经营管理部部长根据经营利益差异分析重新制作了计划与实绩比较报告书。

（1）经营利益的边界利益差异分析

边界利益的差异额为 198.8 万元，见表 5-5。

表 5-5 边界利益差异额

实际边界利益	7014.8 万元
计划边界利益	6816 万元
差额边界利益	198.8 万元

边界利益差异是由两个因素导致的：一是销售额差异，二是边界利益率差异。边界利益 = 销售额 × 边界利益率，因此销售额的计划差异和边界利益率的计划差异的两个因素构成了边界利益差异产生的原因。

1）经营利益销售额差异计算

销售额差异 =（实际销售额 - 计划销售额）× 实际边界利益率

　　　　　=（26980 - 28400）× 26%

　　　　　= △1420 万元 × 26%

　　　　　= △369.2 万元

这说明销售额下降 5%，就会使经营利益减少 369.2 万元。

2）经营利益边界利益率差异计算

边界利益率差异 =（实际边界利益率 - 计划边界利益率）× 计划销售额

　　　　　　　=（0.26 - 0.24）× 28400 万元

=568 万元

这说明边界利益率上升 2%,就会使经营利益增加 568 万元。

通过上述计算,经营利益的边界利益差异如表 5-6 所示。

表 5-6　经营利益的边界利益差异

销售额差异	△369.2 万元
边界利益率差异	568 万元
差额(边界利益差异)	198.8 万元

(2)经营利益的固定费差异的分析(见表 5-7)

表 5-7　经营利益的固定费差异

实际固定费	4316.8 万元
计划固定费	4544 万元
差额(固定费差异)	△227.2 万元

这说明从实际固定费中减去计划固定费后,可以得出与经营利益的固定费差异为△227.2 万元。

费用差异是负数,其对经营利益所产生的是正数的影响。也就是说,固定费差异△227.2 万元给经营利益带来了等额增长(+227.2 万元)。

(3)结论

通过 8 月的计划与实际经营利益差异分析,我们可以理解下面的因素对经营利益产生了影响,见表 5-8。

表 5-8　对经营利益产生影响的因素

销售额差异	△369.2 万元(负面影响)
+)边界利益率差异	568 万元(正面影响)
边界利益差异	198.8 万元(正面影响)
+)固定费差异	227.2 万元(正面影响)
经营利益差异	426 万元
实际经营利益	2698 万元
计划经营利益	2272 万元
经营利益差异	426 万元

通过表 5-8，可以总结出以下几点：

①相对于经营利益而言，销售额的达成度为 95%，带来 369.2 万元的损失。

②相对于经营利益而言，边界利益率上升了 2%，带来了 568 万元的正面效果。

③销售额达成度 95% 与边界利益率上升 2% 的相乘效果是边界利益增加了 198.8 万元。

④固定费的差异对经营利益产生正面影响，其影响金额为 227.2 万元。

⑤实际经营利益比计划的 2272 万元增加了 426 万元，为 2698 万元。

⑥测定各个项目对经营利益的贡献度可以得出表 5-9。

表 5-9 各项目对经营利益的贡献度

项目	金额/万元	对差额的比重
销售额差异	△369.2	△86%
边界利益率差异	568	133%
固定费差异	227.2	53%
差额	426	100%

对该企业而言，9 月要解决课题的优先顺序是：继续维持边界利益率的提高；在此基础上想办法扩大销售额；加强对固定费的管理。

解决课题的时候首先要继续发挥自己的长处，从而强化自己的核心竞争力，在此基础上，补齐自己的短板。

六、损益预测实绩分析的应用案例

表 5-10 是银河商贸 2020 年损益计划及实绩决策表。请以此表格为依据研究该企业的成果和管理状态。

表 5-10 银河商贸股份有限公司损益预测实绩表

2020 年 1 月 1 日—2020 年 12 月 31 日

项目			①计划 金额/万元	①对销售额	①对边界利益	②实际业绩 金额/万元	②对销售额	②对边界利益	差异②-① 金额/万元	差异②-① 对销售额	差异②-① 对边界利益
销售额	总销售额	1	13950	112%		18225	118%		4275		
	退货额	2	872	7%		1853	12%		981		
	折价额	3	622	5%		927	6%		305		
	计	4	12456	100%	—	15445	100%	—	2989	0	
变动费	商品成本	5	5229	42%		6641	43%		1412	1%	
	运送费	6	747	6%		849	5.5%		102	-0.5%	
	销售手续费	7	623	5%		949	6.1%		326	1.1%	
	促销费	8	498	4%		1112	7.2%		614	3.2%	
	展示会费	9	498	4%		787	5.1%		289	1.1%	
	业务资金利息	10	125	1%		239	1.5%		114	0.5%	
	计	11	7720	62%	—	10577	68.5%	—	2857	6.5%	
边界利益		12	4736	38%	100%	4868	31.5%	100%	132	-6.5%	
固定费	人工费	13	1893	15.2%	40%	2337	15.1%	48%	444	-0.1%	8%
	设备费	14	947	7.6%	20%	1217	7.9%	25%	270	0.3%	5%
	其他经费	15	615	4.9%	13%	615	4%	12.6%		-1%	-0.4%
	固定利息	16	284	2.3%	6%	321	2.1%	6.6%	37	-0.2%	0.6%
	计	17	3739	30%	78.9%	4490	29.1%	92.2%	751	-0.9%	13.3%
经营利益		18	997	8%	21.1%	378	2.4%	7.8%	-619		
投入人员		19	520			570			50		

从损益表中可知该商社的计划销售额是 12456 万元（13950 - 872 - 622），实际销售额是 15445 万元（18225 - 1853 - 927），增加了 2989 万元，上升了 24%。计划经营利益是 997 万元，实际经营利益是 378 万元，减少了 619 万元，下降了 62%。

如果没有学习经营管理会计，可能就只看到销售额增加了，经营利益减少了，看不懂数字背后的原因。但是，通过损益预测实绩分析（经营利益差异分析、边界利益率差异分析、生产性差异分析、损益分歧点差异分析），就会明确问题点，确定经营方向、重点及对策。

如何运用损益预测实绩分析方法发现问题呢？

（1）经营利益差异分析（见表5-11）

①销售额差异 =（实际销售额 - 计划销售额）× 计划边界利益率

=（15445 - 12456）× 0.38

= 1136万元（正面影响）

②边界利益率差异 =（实际边界利益率 - 计划边界利益率）× 实际销售额

=（0.315 - 0.38）× 15445

= -1004万元（负面影响）

③固定费差异 = 实际固定费 - 计划固定费

= 4490 - 3739

= 751万元（负面影响）

表5-11 银河商贸经营利益差异分析表

差异原因项目	金额/万元	比率
①销售额差异	1136	+183%
②边界利益率差异	-1004	-162%
③固定费差异	-751	-121%
经营利益差异累计	-619	-100%

根据表5-11可以得知，经营利益差异累计是 -619万元，这是因为尽管销售额增长了24%，经营利益由此增加了1136万元，但是边界利益率下降了6.5%（38% - 31.5%），致使经营利益减少1004万元，结果就是，边界利益只增加了132万元。边界利益增加的部分（132万元），却被固定费的增加（751万元）所抵消，所以经营利益下降了619万元（132 - 751 = -619万元）。

一方面，应该对销售额增加的实现给予肯定，对于如何保持这个良好结果制订明确的对策。另一方面，要彻底探究边界利益率下降（-6.5%）的根本原因,并制订明确的对策。另外,对于超出计划的固定费,基于生产性分析后,再对其可否做出判断。

(2)边界利益率差异分析

边界利益额是边界利益率与销售额的乘积,边界利益率的变化给边界利益额带来很大影响,因此企业销售额越大,边界利益率的微小波动,都会给企业带来巨大的影响。通过分析边界利益率,企业可以把握商品结构的变动,从而把握商品竞争力。因此通过分析边界利益率的差异,可以把握商品构成等的预测实绩的差异。

边界利益率还体现了企业的市场竞争力,体现了价格政策。因此通过分析边界利益率的差异,可以测定计划的市场竞争力和价格政策与实际业绩的差异。同时,边界利益率还能体现出对变动费的各费用项目的使用和管理方法的好坏,因此通过分析边界利益率的差异,可以改善管理变动费的方法。

我们整理所给资料,深入研究重点所在,得出表5-12。

表5-12 银河商贸2019年度边界利益率分析(基于表5-10整理而成)

项目	计 划（对销售额比例）	实 际（对销售额比例）	评	价
销售额	100%	100%		
商品成本	42%	43%	+1.0	×
运送费	6%	5.5%	-0.5	○
销售手续费	5%	6.1%	+1.1	×
促销费	4%	7.2%	+3.2	× ×
展示会费	4%	5.1%	+1.1	×
变动利息	1%	1.5%	+0.5	△
变动费	62%	68.5%	+6.5	× × ×
限界利益	38%	31.5%	-6.5	× × ×

注:◉极好;◎很好;○好;△一般;×差;××很差;×××极差。

根据表5-10,实际销售额为15445万元,其1%为154万元,2%将是308.9万元,通过对变动费用项目的分析,我们可以按照以下的顺序制订和实施重点的对策。

①促销费　　－3.2→494 万元 = 15445 万元 ×（－3.2%）

②销售手续费　－1.1→170 万元 = 15445 万元 ×（－1.1%）

③展示会费　　－1.1→170 万元 = 15445 万元 ×（－1.1%）

④商品成本　　－1.0→154 万元 = 15445 万元 ×（－1.0%）

计　－6.4→988 万元

边界利益率差异分析是对变动费各个项目进行差异分析。商品成本虽然是排在第四位的重点问题，看似问题不太大，实际上商品成本分析是非常重要的一个课题。一般来说，商品成本率在变动费率中最大，企业有必要加强关注该项目的力度，彻底摸清商品成本率上升或下降的原因。一般来说，对商品成本的分析，要注意以下几点（最好是按下面的顺序进行）。

①分析计划变动费的各费用项目对于变动费的比例是否合适。

②分析变动费比例增加的理由。

- 是否因为临时事项而发生；
- 是否因为管理制度不合理而增加；
- 是否因为担当者没有经营意识；
- 作为变动费项目的价格是否有增加；
- 对于商品数量来说，是否其业务 Know-how 发生了变化。

（3）生产性差异分析（见表5–13）

表5–13　银河商贸生产性差异分析

项目	差异			
	计划等级		实际等级	
人工费生产性	250%	中	208%	可
人·月劳动生产性	7589元	差	7116元	差
固定费生产性	127%	中	108%	可

分析项目的选择：有必要将母项目，即固定费生产性作为分析的对象；将集约度高的项目作为分析的对象。

银河商贸是批发业态，人是集约度最高的项目，所以列举了以下三个项目进行分析。

生产性评价标准计算见表 5-14。

表 5-14　银河商贸生产性评价标准

等级	固定费生产性评价标准	人工费集约度	人工费生产性评价标准	人·月劳动生产性评价标准（参考）
优	150%		超过 288%	>10 万元
良	标准 130%		超过 250%	7.5 万~10 万元
中	115%	÷52% =	超过 221%	5 万~7.5 万元
可	105%		超过 201%	2.5 万~5 万元
差	不足 105%		不足 201%	<2.5 万元

根据表 5-13 和表 5-14，可知：

- 人工费生产性计划是 250%，等级为"中"；实际下降到 208%，等级为"可"；
- 人·月劳动生产性计划是 7589 元，等级为"差"；实际下降到 7117 元，等级为"差"；
- 固定费生产性计划是 127%，等级为"中"；实际下降到 108%，等级为"可"。

因为固定费增加了 751 万元，所以固定费生产性的实际比计划下降了 19%，等级也由"中"下降为"可"。固定费增加的 751 万元中有 444 万元（占 59%）是由人工费的增加带来的，而人工费增加原因有两个：一是人员增加 50 人；二是平均人·月工资提高 383 元。

因为人工费增加了 444 万元，所以人工费生产性下降了 42%，等级由"中"下降为"可"。

因为投入人员增加了 50 人，人·月劳动生产性下降了 472 元。

由此可以判断，固定费生产性的下降主要是由劳动生产性的下降导致的。因此，下年度有必要采取措施加强对人工费（特别是新增的人工费）的管理。换言之，就是要加强对人工费生产性和人·月劳动生产性的管理。

(4) 损益分歧点差异分析

损益分歧点差异分析是对计划的损益分歧点或分歧点安全度，与实际的损益分歧点或分歧点安全度的差异进行分析，并研究产生差异的原因。

因此，分歧点差异分析包含了损益分歧点与分歧点安全度分析（见表5-15），计划实绩分歧点图（见图5-5）的比较分析。

表5-15 银河商贸损益分歧点与安全度分析

项目	计划	实绩
销售额	12456万元	15445万元
变动费	7736万元	10577万元
（边界利益率）	（38%）	（31.5%）
固定费	3739万元	4490万元
总费用	11459万元	15067万元
经营利益	997万元	378万元
损益分歧点	9839万元	14254万元
安全度	79.0%	92.3%

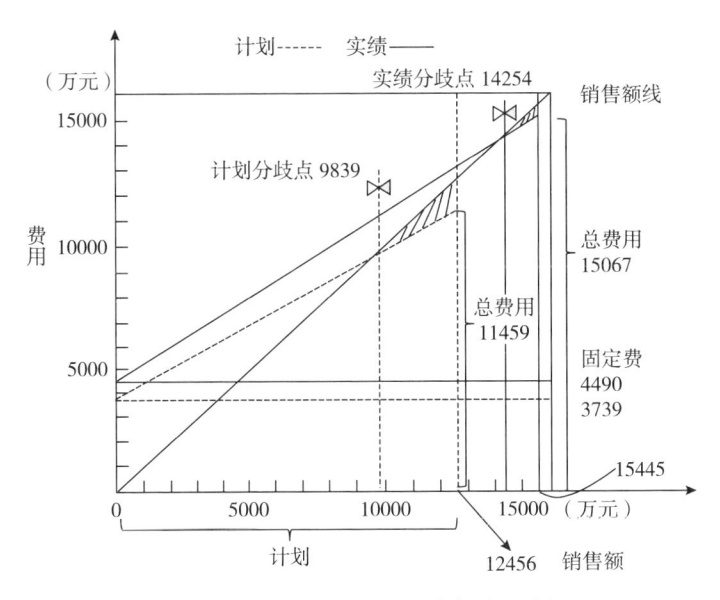

图5-5 银河商贸的损益分歧点差异分析图

计划的损益分歧点销售额 9839 万元，在实际业绩中增加到 14254 万元，相对计划而言，销售额增长了 44.9%。这意味着收益构造已经大大地恶化。究其原因，固定费增加的 751 万元给分歧点恶化带来了的影响，影响占比为 20%，即：

$$\frac{实际固定费（4490）}{计划边界利益率（0.38）}=11815 万元 \rightarrow \frac{恶化分歧点 11815 万元}{计划分歧点 9839 万元} \times 100\% = 120\%$$

剩余的 24.9% 是由于边界利益下降了 6.5% 造成的。因此，企业明年要改善收益构造，首先要提高边界利益率，其次要强化固定费的管理。

由于损益分歧点的结构已经大幅度地恶化，即使实际销售额增加了 24% [（15445÷12456）×100%]，分歧点安全度还是大幅恶化，从 79% 升到 92%，而等级从"中"降到"可"。

对策就是使实际固定费下降到计划数值，同时将实际边界利益率提高 6.5%，实现计划边界利益率（38%）。

由此得出结论：收益构造恶化了约 44.9%（如果计划的损益分歧点销售额为 100 万元的话，实绩分歧点销售额约为 145 万元）。约 20% 是由固定费增加了 751 万元造成的，约 24.9% 是由边界利益率的下降（-6.5%）造成的。

结果就是形成了增固定费、低边界利益率、高损益分歧点销售额的恶性肥大的收益构造。

企业的成长方式有两种：第一种是销售额增长率大于经营利益增长率，此时企业处在不健康状态；第二种是经营利益增长率大于销售额增长率，此时企业处于健康状态。银河商贸的成长属于第一种方式，说明企业处于不健康的状态。

上述内容如图 5-6 所示。

3. 银河商贸股份有限公司的现状的经营课题与对策的展开图（见图5－6）

【现状课题】

1.经营利益减少的最大原因是边界利益下降了6.5%

①销售额的增加带来了好的结果，但被边界利益率的恶化抵消，造成了经营利益的减少

②边界利益率下降的根本原因
・边界利益率的下降有3.2%是促销费的增加导致的
・剩下的3.2%是销售手续费、展示会费、商品成本的增加造成的

2.生产力下降了15%

①固定费是生产力。计划的固定费生产性是127%，而实际是108%，下降了15%

②虽然人・月劳动生产性下降了6%，但劳动生产性却下降了约20%，这是未对人工费压缩造成的

③从业务资金的生产性来看，资金量跳增近2倍，其原因可能是库存的增加或是销售债权的增加

3.收益构造恶化了44.9%

①对收益构造来说，如果计划的损益分歧点销售额是100万元，实绩是145万元

②恶化原因的20%是由于固定费增加751万元造成的

③恶化原因的24.9%是由于边界利益率的下降（－6.5%）造成的

【课题的整理】

恶性肥大的收益构造的改善是先决条件：
・维持由销售额上升所带来的良好效果；
・增固定费、低边界利益率、高损益分歧点销售额的改善。

【对策要点】

1.边界利益率提高6.5%的对策

①促销费压缩3.2%
・按照部门类别，进行促销费的预测实绩差异分析，制订和实施压缩费用的对策
・按照科目类别，进行差异分析，对于超过计划的费用追究其发生的原因，并制订和实施对策

②其他变动费，如销售手续费、展示成本，各自压缩1%

③如果计划本身有矛盾，通过对实绩进行讨论，可以对标准值进行修正

（2）固定费差异751万元压缩的对策

①按照部门类别，以人员数为中心，对人工费进行管理。暂停聘用新员工，同时将人员从过剩部门转移到有人员需求的部门，重新进行人员配置

②对于平均人工费，只对加班费等时间外的费用进行检查

③按照部门类别、科目类别，对其他经费进行管理，压缩其他经费，从重点项目开始实施压缩对策

④业务资金量膨胀了近2倍。其原因可能是库存增加或是销售债权增加，也可能是两者都增加，所以要彻底清理。因此，有必要清理库存，促进销售货款回收对策的实施

图5－6 银河商贸经营课题与对策的展开图

第六章
阿米巴经营业绩评价与激励

分配是阿米巴的出发基点，要建立令人心动的分配制度，而且要在年初就建立、尽早公布，只有这样才能加快新体制的建设和发展进程。利益分享承诺了经营成果的合理分配，权力分享创造了一个自由的决策空间。不懂分享，不愿分享，新旧体制就无法实现内核切换，企业依然走在老路上。

有了阿米巴经营，就有了追梦的一方舞台；有了合理分配的激励制度，就有了倾情演出的动力源；有了权限，就有了书写剧本、挑选演员、导演剧目的资质。分享与时俱进，要让追求自我价值的员工成为一次创业、二次创业、多次创业的主宰者，帮助他们踏上"平台+自主经营"的新征程。

激励机制的形式很多，例如，企业出台阿米巴可吞并企业内部其他阿米巴的政策，这也是一种激励机制。因此，我们有必要对本章谈到的激励机制内容做出界定——仅指与阿米巴长个人利益挂钩的激励机制。

第一节
阿米巴评价指标设计

一、业绩评价制度的建立

对总公司而言，业绩评价制度指：以月度为单位，在当月结束后的 3 个营业日内，将当月的实际业绩与月初制订的计划进行对比，从完成度、方针遵守度对部门长进行量化评价（打分），然后将量化评价结果（得分）跟总经理及部门长的工资、奖金、升迁、培训机会等挂钩，从而促进员工、部门长、企业能力提高。

对阿米巴经营绩效评价是企业运营核心工作之一，其机制设计对阿米巴的经营方向和工作重点具有强劲的引领作用。阿米巴经营业绩评价体系的设计是非常重要的，其出发点应建立在阿米巴作为相对独立运作的利润中心的基础上。作为利润中心的阿米巴，推动其良性发展、快速发展、长远发展的动力源主要来自企业总公司对其业绩的评价机制，所以说不同的业绩评价机制会造就不同的阿米巴，会使阿米巴获得不同的发展结果。

在对阿米巴的业绩评价中，有一个非常核心的观点需要掌握并落实到位，那就是转换角度来看这一经营单元的运营，从而弥补传统业绩考核方式存在的不足。传统的业绩考核往往局限于指标体系的组合上，这当然十分重要，但仅仅这样做是不够的。作为经营单元的阿米巴，还有一个关键方面需要关注，那就是如何控制阿米巴短期经营行为，如何引导其领导班子从长计议、深入考虑阿米巴持续发展的问题。也就是说，总公司不仅要关注阿米巴的当期经营成果，还要考虑其长远发展成效，使二者在平衡中发展融合。

那么如何设计阿米巴的业绩评价制度呢？我们可以从最原始的考核雏形开始一步一步地分析，直到找到我们满意的考核办法。这样一个讨论轨迹有助于透彻理解阿米巴业绩考核这一课题。下面就阿米巴业绩评价及阿米巴长薪酬与业绩的挂钩等问题进行阐述。

二、业绩指标的当年短期效益评价

首先，我们看一下，用年度销售额这个指标作为阿米巴的唯一业绩评价标准可不可以呢？显然，这是不合理的。销售额这个指标的积极意义在于，表明公司要为客户提供更多的产品和服务，占有更大的市场份额，同时为公司带来更多的收益，从而推动公司走向更大的规模。但这个唯一的指标不足以界定阿米巴的经营质量和经营成果，销售额增长了，并不代表公司盈利，也不代表公司有现金，更不能充分说明公司的发展能力和运营能力提升了。所以用单纯的销售额指标来评价阿米巴的业绩是严重不妥的。

既然销售额指标单一，弊端多，那么增加利润指标会怎样呢？显然利润指标的增设让阿米巴的业绩考评有了立体感，其要求阿米巴既要保障收入上的规模，同时更要按照目标实现盈利。利润指标代表了阿米巴的现有产品或服务的价值以及竞争力，一定程度证明了阿米巴的运营水平。与收入指标相比较，在作为利润中心的阿米巴中，利润指标显然更具核心地位。至此，这套评价办法的雏形可概括为一种兼顾销售额与利润指标要求的办法。一个利润指标的增加，实际对阿米巴的综合能力做出了目标性界定，要求阿米巴长具有可胜任工作的经营与管理能力。

不过，利润指标没有解决一个问题，就是阿米巴的回款和现金的问题。如果不对阿米巴的回款和现金做出界定，那么呈现出的销售额和利润繁荣就是一种"纸上富贵"，阿米巴的当前运营和发展就会受到制约，甚至是致命的影响。因此，回款和现金也要作为重要的增设指标。回款和现金指标的相应要求是阿米巴获得用户的充分认可，能够实现充裕的现金流则表明阿米巴要实现经营计划与预算的高准确率，同时在运营管理方面达到一个新的水平。

综上所述，阿米巴的业绩评价指标包括销售额、利润、回款、现金。此时还有一个细节要追问和处理，那就是如何将这些指标有机整合，从而得出阿米巴的综合评价结果。通常有如下两种整合方法。

1. 权重法（方针遵守度）

权重法计算表见表6-1。

表6-1 权重法计算表（示例）

	评价指标	计划/万元	实绩/万元	达成度	权重	各指标得分
1	销售额	1000	1000	100%	50%	50
2	利润	100	70	70%	30%	21
3	回款	20	20	100%	10%	10
4	现金	100	90	90%	10%	9
2020年1月至12月		被评价部门A阿米巴			100%	整体评分90

指标得分计算主要为通过与经营计划指标的对比，看完成率的达成情况，进而关联一定分数得出具体分值。各指标权重可根据企业强调的方针（成长型、均衡型、利益型）进行设置，所有指标权重相加等于1（100%）。

2. 主辅依附法

$$Z = Y_3 \times K_1 \times K_2 \times K_4$$

Z代表总评分，Y_3代表利润计划达成度（%），K_1、K_2、K_4代表收入、回款、现金计划达成率（%）。在这里，可对K类的系数设定上下限，避免影响过大，出现极端结果。

年度计划制订后，需要立即按照年度计划制订业绩评价指标并实施。期间，要保证两者的连贯性。指标必须与企业的年度经营方向、方针关联，企业的年度经营方向确定了企业未来一年的市场政策，年度经营方针明确了具体的目标，所以业绩评价指标的设定不能偏离企业的未来发展方向，不能背离目标。

三、业绩评价指标的分类

销售额、利润、回款、净现（现金）虽然量化性较好，但是在考评全面性方面还存在一定的缺陷，这四项经济指标毕竟是结果的衡量，企业的考核要深化到具体的举措上，这样才能产生好的结果，同时对阿米巴的下一步发展要素的推动更有意义。所以,阿米巴的评价指标不能局限于上述四项,企业还要考虑业务经营结果与发展要素情况。下面,将对这些要素分类说明。

业绩评价指标包括结果项指标、过程项指标和能力项指标。每个阿米巴的业绩评价指标可能都会不同。评价指标要有数字结果,只有能够量化出来的指标,才能科学评价。评价的结果项同时要转化为过程指标,过程做好了,才能有获得好结果的机会。同理,要想把过程做好,阿米巴还要具备对应的能力。结果、过程和能力三项都得到评价,阿米巴短期效益和长期发展才能做好,经营能力才能得到提升。

1. 结果项指标

阿米巴作为企业的利润中心,首先要关注的是结果项指标。结果项指标体现了企业最终经营成果的经济指标体系,是企业经营的最终收获。结果项指标主要包括:收益性、生产性、安全性、成长性。

①收益性:主要有销售额及其结构占比、边界利益(率)、贡献利益(率)、经营利益(率)、税后利益(率)。

②生产性:主要有固定费生产性、劳动生产性、人·月劳动生产性、设施设备生产性、其他经费生产性、固定资金利息生产性。

③安全性:主要有损益分歧点、损益分歧点安全度、资金筹集运用系数。

④成长性:主要有销售额增长率、边界利益增长率、经营利益增长率、人·月劳动生产性增长率、人工费劳动生产性增长率。

2. 过程项指标

过程项指标就是为实现最终成果,企业必须关注的过程指标体系。过程项指标向上承接结果项,向下对接能力项,主要包括如下内容。

①从顾客需求的类别来看,主要是PQCDS(数量、品质、成本、交期、服务)对应的数字科目。

②从市场开发类别来看,主要是:销量、单价、客数、复购数、转介绍数、店数、店均额。

3. 能力项指标

能力项指标就是为实现过程指标而必须运用新设备、新材料对业务技术进行调整、改善、改革、创新,对原有商品开发、市场开发、经营管理技术标准制度的迭代次数，新技术标准制度的建立数量和人的掌握程度等对应科目。主要包括：4M1E（人才、设备工具、材料资料、方法工艺技术、环境）。

三者是相辅相成的。过程项指标根据结果项指标来制订，能力项指标根据过程项指标来制订；结果项指标的实现要通过过程项指标的完成才能实现。业绩评价过程中，结果项指标、过程项指标、能力项指标的制订及明确，对部门及个人完成年度计划目标，实现能力提升是十分关键的。但需要记住，不同层级的员工，关注的重点不一样。高层以结果为主，中层（部门长）以结果和过程为主，基层（团队长）以过程和能力为主。

从可变性的角度来看，年度利益计划不变，业绩评价指标多变，即企业为了解决当下问题，业绩评价指标和激励机制可以调整改变。

下面就三项指标在不同部门的指标评价举例说明，见表6-2。

四、业绩评价指标的设定

业绩评价制度中，一个重要步骤是设定每个岗位上每个人的评价科目。那如何科学设定业绩评价科目呢？

1. 明确业绩评价科目的来源

主要从三个方面明确业绩评价科目。

①岗位职责。每个岗位的岗位职责都明确了该岗位从业人员的主要工作和应该具备的能力。

②年度计划。月度业绩评价是为了保证年度计划的完成，所以业绩评价科目必须与年度计划关联。

③岗位人才的培养、成长。从企业发展角度看，企业要培养岗位从业人员当前应提升的能力和未来成长所需的能力。

2. 业绩评价科目的整理筛选

从上述三个方面整理出来的评价科目会有很多，但为了明确业绩评价科目要求，3个为宜，最好不要超过5个，这就需要对这些科目进行梳理。可以从当前科目的重要度、紧急度来思考，将重要且紧急的科目作为重点选择科目。

表6-2 不同层级的评价指标选择（示例）

层级		评价指标	评价目的、意义
事业部	1	回款额	评价资金流动性
	2	销售额	评价市场成长性
	3	边界利润率	评价商品力、市场竞争力
	4	贡献利润	评价本部门对公司的利润贡献度
	5	人·月劳动生产性	评价投入人员效率
	6	固定费生产性	评价投资回报率
	7	应收账款利息	评价应收账款效率
部门 生产	1	生产额/产量	评价生产数量
	2	主材料耗用量	评价原材料的使用
	3	生产成本	评价人工、水电、维修费等的使用
	4	合格率	评价生产品质、次品发生件数
	5	事故数	评价预防事故发生的能力
部门 销售	1	销售额	评价目标任务的达成
	2	销售额结构	评价新品销售占比是否达标
	3	营销费用	评价营销能力、招待能力、物流能力
	4	客单价	评价产品组织能力
	5	渠道数量	评价资源增长、更新情况
团队	1	复购	评价客户满意度
	2	进店率	评价营销引流能力
	3	试穿率	评价产品的设计、搭配或引导能力
	4	成交率	评价成交能力
	5	转介绍数	评价品牌美誉度

3. 业绩评价科目的划分

选择出来的业绩评价科目需要按照结果项、过程项、能力项来划分。

4. 业绩评价表的制订

结果项、过程项、能力项的业绩评价科目明确后，就可以制订业绩评价表了。首先对每个评价科目进行定义、意义、取数的说明（见图6-1），并制订科目的评价标准。

```
定    义：工作内容及计算公式
意    义：设计这个科目的目的，要达到什么效果，发展什么能力
取数规则：从哪里获取，责任者是谁，统计周期多长
目    标：根据定义获取计划目标值
实    绩：实际完成值
完 成 度：实绩÷目标
得    分：根据评分标准得到该项分数
整体得分：本岗位或本人的参与项目得分合计
```

图6-1 科目设计要点

然后，对这些科目设定权重（方针遵守度）。设定每个科目的目标值，用于检查实绩完成情况，根据每个科目的完成度计算科目得分。科目得分要有低线和高线，即多少分以下为零，多少分以上为最高值。

通过上述步骤，业绩评价科目就设定完成了，这样设定出的评价科目，与企业的实际情况和人才成长规律更为贴合，更容易被员工接受。

五、业绩评价指标的活用

综合评价阿米巴指标，我们可以得出阿米巴的总体业绩评分。必须将业绩评分与阿米巴领导班子成员、中层干部，甚至基层员工切身利益挂钩，才能发挥出强劲的驱动力和激励效应，见表6-3和表6-4。

表6-3 绩效系数设计（示例）

考核分数	F=100分	100>F≥90分	90>F≥80分	80>F≥70分	F<70分
考核等级	SA（优）	B（良）	C（中）	D（可）	E（差）
绩效系数	1.4	1.2	1.0	0.8	0.6

表6-4 业绩评价运用（示例）

工资	80%固定工资	20%的业绩工资（绩效、奖金）与绩效系数挂钩		实发工资总额
		绩效系数	业绩工资	
10000元	8000元	2000元×绩效系数（可能高于或低于1.0）	1.4	2800元	10800元
			1.2	2400元	10400元
			1	2000元	10000元
			0.8	1600元	9600元
			0.6	1200元	9200元

设定业绩评价指标不是单纯拿员工的工资、奖金相加减，而是要提高员工的能力和企业的核心竞争力。应从更好地活用评价结果的角度制订制度。比如，过去评价员工，更多的是从销售额或生产数量的角度，但随着市场环境的变化，现在需要关注员工的工作效率和计划达成指标。企业的评价活用制度的建立就相当于给员工打开了一道门，希望员工往哪里走，就评价什么。

六、业绩指标的发展要素考虑

销售额、利润、回款、现金四项指标是比较重要的财务指标，或称经济指标，易于衡量，考核的公正程度相对较高。但仅用这类指标进行评价还有明显的弊端——引导阿米巴关注短期年度经营成果，对长远发展不予重视（新产品研发、人才储备、渠道建设、服务体系等投入）。如何让阿米巴兼顾短期效益与发展业绩呢？实际上，销售额、利润、回款和现金这四项指标也包含了对阿米巴长远发展的激励，即阿米巴如果关注长远发展，那么迟早会对这四项指标的增长做出贡献。关键在于"迟早"到底是多长时间，当"迟早"到来时，阿米巴长是否还在任？总公司真的关注阿米巴对持续发展做出的贡献吗？在哪里切实体现了呢？另外，这四项指标对阿米巴未来发展的界定过于含蓄和模糊，引导性不明晰。到底从事哪些经营活动是对阿米巴发展的有效支持呢？如果直接对其评价和考核是不是目标性和引导性更强，更容易被阿米巴领悟和贯彻，从而满足总公司对发展的要求呢？

因此，在这里要给出一个非常重要的建议，就是在对阿米巴进行当期效益经营指标评价的同时，兼顾其发展指标的评价。只有做到当期与发展的平衡考核，才能敦促阿米巴既关注短期效益，也思考自己的未来。

那么，如何建立发展指标呢？首先要建立阿米巴长任期制度。阿米巴长只有知道自己的任期多长，才能从整体上对自己的任期内工作做出规划。试想，如果任期只有一年，或者任期没有制度化，阿米巴长随时都有可能被免职，那么阿米巴长通常不会关注长远发展。同时，任期制也传达了公司总部对阿米巴长创造长远价值的期望，这对阿米巴长安心工作、放眼未来都是有好处的。对一般企业而言，阿米巴长通常一任三年为宜。当然，任期也是可以调整的，如初任任期为两年，连任或再任任期为三年，这样可以避免企业陷入用人风险。有了任期制，并不是说阿米巴长一定能够做满任期，当中途业绩不佳时，阿米巴长可能被降职或免职。企业可以规定，当业绩评价综合分数低于一定标准后，阿米巴长自动离任；同样，也可以设计出连任的条件，只要阿米巴长达到公司综合考评标准，就可以连任。

确立了任期制，企业就可以设计相关发展指标。下面介绍一个简明的设计方法：任期内连续增长兑现法。这一办法的主导思想如下所述。

①阿米巴长应得奖金额度 $Q = $ 当年利润 $\times k\%$（奖金基数的确定方法同上，简明起见，此处暂不考虑）。

②当年兑现额度 $Q1 = Q \times 50\%$。

③未来兑现额度 $Q2 = Q \times 50\%$，兑现时间及方式如下：

- 任期第二年完成当年公司下达的利润增量指标，则兑现前一年 $Q2$ 的 50% 奖金；

- 任期第三年完成当年公司下达的利润增量指标，则兑现前一年 $Q2$ 的另 50% 奖金。

④任期第二年、第三年的奖金依然按照上述方式兑现发放。于是，从第二年起，阿米巴长如果业绩突出，那么其不仅可以得到当年的奖金计提，还能得到前一年甚至前两年的增量奖金。

⑤第三年的后续奖金要在阿米巴长卸任后的两年内兑现，这就要期待接任的巴长保持业绩的继续上升，否则，前任巴长就会失去后续奖金。这一点

可能会引发激烈讨论。但企业领导人要将这一政策坚持下去。首先表明这就是公司的制度，人人都遵守。其次，卸任的巴长原则上要担任原阿米巴的发展顾问，对接任的部长提供指导和帮助——这一延迟兑现的奖金对此有一定激励和保障作用。

上述阿米巴长的奖金兑现轨迹如表6-5（假设业绩连年达标）所示。

表6-5 阿米巴长奖金兑现表（示例）

时间	2018年 任期第一年	2019年 任期第二年	2020年 任期第三年	2021年 卸任第一年	2022年 卸任第二年
第一年配比	50%	25%	25%		
第二年配比		50%	25%	25%	
第三年配比			50%	25%	25%
奖金兑现情况说明	2018年利润计提50%	2019年利润计提50%+2018年利润计提25%	2020年利润计提50%+2018年利润计提25%+2019年利润计提25%	2019年利润计提25%+2020年利润计提25%	2020年利润计提25%

如果奖金低于一定金额，可以在当年一次性发放；若奖金超过一定金额，可以采用50%：25%：25%支付。分红奖金在每年1月30日前发放，公司代扣代缴个人所得税。

为什么说上述方法能够支持发展性评价呢？因为按照上述评价办法，阿米巴长在取得当年效益的同时，一定要思考发展性要素，否则，在第二年或第三年未取得业绩增长的情况下，就无法获得后续奖金。

七、业绩评价的规范

对阿米巴的评价，要按照规范程序进行，一般程序如下所述：

- 根据公司目标和方针，阿米巴长制订本部年度经营计划，并分解到12

个月；
- 上报年度经营计划，总公司经营管理部、财务部及各职能部门组成评价委员会进行指标验证性审核，确定考核系数，并汇总和计算考核结果；
- 考核方案征求阿米巴意见，阿米巴可以质疑、申诉；
- 考核方案由公司总经理审批；
- 按照批准的考核方案兑现资金。

阿米巴领导班子成员的绩效工作还涉及月薪及月度绩效设计部分，有些企业采取了年薪制及岗位股或虚拟股票期权等激励办法。对于月薪，其中的绩效工资占比及具体考核办法的操作性、实效性是重点环节。对于年薪，一般一部分年薪平均在12个月内兑现，一部分留到年底考核发放，分配比例要合理；岗位股是虚拟股份，在岗则有，离岗则无；虚拟股票权的兑现要基于某些关键条件的实现，从而激励阿米巴达到总公司的经营管理综合要求。

第二节
阿米巴的激励机制设计

假设你就是阿米巴长，什么样的激励更有吸引力呢？站在公司角度，在激励阿米巴的同时又要提出哪些先决条件呢？公司激励机制设计部门应该能够换位思考，推出更适合的激励办法，促进阿米巴自觉增加收入，降低成本及费用。

一、阿米巴分红奖金的来源

这里以阿米巴长为例，介绍四种确定奖金基数的方法。
（1）定额奖金基数法
根据公司历史上各层面岗位的年终奖额度横纵向对比，确定阿米巴长的年终奖金标准额度，以此作为奖金基数。阿米巴长的实得奖金在此基础上考核兑现。定额奖金基数法的好处是奖金额度透明，阿米巴长年终能够获得多少奖金自己心中有数。不足是奖金基数的准确度不好把握，激励作用有限。

（2）增量定额法

根据本年度经营计划主要指标较上年的增长率适度增加本年度奖金基数，即：

本年度奖金基数 = 上一年度奖金基数 ×（1 + 主要指标增长率）× 调节系数

运用增量定额法确定奖金基数的好处是体现了"多贡献多获得"，不足之处同上述定额奖金基数法。

（3）利润计提法

阿米巴作为利润中心，用利润计提法确定阿米巴长奖金基数也是常见方法。计提公式为：

阿米巴长应得奖金额度 = 阿米巴当年利润额 × 计提系数

利润计提法的好处是激励作用大，并能较好地表现出阿米巴的经营质量，不足之处在于会引导阿米巴长关注当年短期利益，如减少研发、人员培训等费用的投入，这些投入的费用长期内才能有回报，或向渠道压货虚增销售额等。因此，应用利润计提法的同时要对发展要素做出评价。

（4）增加资金基数增减系数法

这里有两个比较有价值的思路，值得讨论。

①台阶系数。阿米巴经营指标完成得越好，作用于其奖金基数上的一个系数就随之变大，从而激励了超额完成行为。台阶系数的好处是激励作用强劲，使阿米巴会不断挑战更高奖金而完成高的利润目标，如表6-6所示。

表6-6　台阶系数提取奖金（示例）

项　目	利润金额/万元	计提金额/万元	台阶比例	台阶金额/万元
基准利润	800	0	0	0
挑战利润	1000	200	10%	20
冲刺利润	1200	200	30%	60
合计奖金总额				80

②计划上报质量系数。基本思路为：阿米巴在上一年年末或本年年初上报本年经营指标时，报得越高，年底完成，公司给予的奖金基数的系数越高；如果报得低，即使超出很多也不会得到太高的奖金；如果不切实际地高报，那么年度没有完成也是不能得到高奖金的。这一机制要起到的作用是：阿米巴需要客观、真实地上报指标，报得过高或过低，都会为自己带来较大的损失。

二、阿米巴业绩奖金考评举例

实际操作中，阿米巴业绩奖金考评的具体形式有很多，现简要介绍一种，可称为"利润增量计提法"，仅供参考。

1. 计算奖金基数

（1）当超出利润指标时

阿米巴长年终奖 Q =［本年利润指标 × A% +（本年实际利润 − 本年利润指标）× B%］× H × S

①A% 通常为固定值。

②B% 可根据利润增长比采用台阶比例，并设置上限。

③H 为回款完成情况考核系数。

④S 为收入完成情况考核系数。

比如，某时装公司的阿米巴制订"10% + 10%"的年度奖金方案，将利润总额的 10% 作为奖金，超额利润再计提 10%，那么该阿米巴奖金总额 =（利润总额的 10% + 超额利润的 10%）× 回款系数 × 收入系数。如果认为上述公司中回款与收入的连乘强度过大，也可采用权重形式进行考核。

（2）当未完成利润指标时

阿米巴长年终奖 Q = 本年实际利润 × C% × H × S

C% 可根据利润完成比采用台阶比例。

2. 将上述奖金基数一分为二

①当年效益资金 Q1 = Q × F%

②发展贡献奖金 Q2 = Q ×（1 − F%）

F%可根据强调阿米巴当期效益还是长远发展进行调剂。

3. 加上当期指标或工作考核

①当年实得效益奖金 = Q1 × K1

综合考虑需要考核的当期指标或工作项，得出 K1 系数值。

②当年实得发展资金 = Q2 × K2

综合考虑需要考核的发展指标或工作项，得出 K2 系数值。

三、阿米巴销售额奖金跳点设计实战技巧

一些公司的阿米巴在员工奖金政策上采用固定比例一提到底的方法，操作如下所述：

某阿米巴规定资金计提比例为月销售额的5%，该阿米巴4月销售额为20000元，则员工奖金 = 20000 × 5% = 1000 元，5月销售额达到60000元，则员工奖金 = 60000 × 5% = 3000 元。

这是一种匀速计提奖金方式，优点是简单易懂，方便计算，且能够达到基本的激励效果。不过，匀速计提并非最优思路，还有一种加速计提奖金方式，叫作"跳点奖金"，其激励作用更强劲也更持续，正所谓"奖金设跳点、业绩向上窜；奖金无跳点，人员就变懒"。

那么，什么是"跳点奖金"呢？"跳点资金"也称作"台阶奖金"，基本思路是：业绩分段，按段计提，段位越高，提比越高。每一段就是一个业绩台阶，而段与段之间的分界值就是跳点。

例如，阿米巴对奖金方案做出调整，采用"跳点奖金"方式，具体见表6-7。

表6-7 "跳点奖金"表

月销售额 Y/元	计提比例	实际月销售额/元	获得奖金/元
Y < 10000	0	9000	0
10000 ≤ Y < 30000	3%	20000	600
30000 ≤ Y < 50000	5%	40000	2000

续表

月销售额 Y/元	计提比例	实际月销售额/元	获得奖金/元
50000≤Y<60000	7%	50000	3500
Y≥60000	9%	70000	6300

以表6-7为例，奖金的计提比例越来越高，员工完成一定业绩后，会感觉下一个台阶也相距不远，如不尽力一跳，心有不甘，因此，这样一种持续引导方式有助于员工挖掘潜力，挑战不可能，连续跳跃，达到业绩冲高的目的。首先，对企业而言，这意味着在蛋糕做大的情况下，要为员工切分更多的利益，因为业绩越高，实现起来越难，提成比例适度提高是合理的；其次，从效益上讲，分出去的多意味着公司赚得更多。

关于"跳点奖金"，有五个实战技巧应掌握。

①为调剂激励强度，跳点又分为差跳和全跳两种。差跳指业绩超出跳点那部分才能享受更高比例提成（见表6-8）。全跳则指只要达到跳点，之前的全部业绩都可以享受高比例提成。显然，在相同计提比例的情况下，要想激励作用更大，就采用全跳方式，表6-7呈现的就是全跳方式的奖金表。

表6-8 差跳奖金表

月销售额 Y/元	计提比例	实际月销售额/元	计算过程	奖金结果/元
Y<10000	0	9000	0	0
10000≤Y<30000	3%	20000	0+10000×3%	300
30000≤Y<50000	5%	40000	0+20000×3%+10000×5%	1100
50000≤Y<60000	7%	50000	0+20000×3%+20000×5%+0×7%	1600
Y≥60000	9%	70000	0+20000×3%+20000×5%+10000×7%+10000×9%	3200

②有四个跳点是标志性的，包括起跳、底跳、高跳与顶跳。先说起跳与顶跳，起跳是最低提成点（如表6-8中的10000元），提成比例相对较低。起跳可以从零开始，也可以达到一定基础值后才开始。顶跳是取高提成点（如表6-8中的60000元），通常来说也是最后一个跳点，代表着公司能够给

出的最高利益分享比例。再说底跳和高跳，有的公司制订销售额计划时，会设两个业绩目标，一个叫作保底目标，就是必须要达到的基本目标，另一个是摸高目标，就是跳起来可以够得着的目标。为保证这两个目标实现，设置跳点时，可以设置两个大跨度的跳跃，从而激励员工完成保底目标，冲刺摸高目标（见表6-9）。

表6-9 完成保底目标、冲刺摸高目标表

月销售额 Y/元	计提比例	实际月销售额/元	获得奖金/元
Y < 10000	0	9000	0
10000 ≤ Y < 40000	3%	39000	1170
40000 ≤ Y < 60000	6%	40000	2400
Y ≥ 60000	9%	60000	5400

假如阿米巴将保底目标定为40000元，摸高目标定为60000元，则全跳资金方案可做出相应调整：一是将保底目标与摸高目标均设为跳点；二是加大对应这两个跳点的提成比例。

③"超额转跳"政策。为进一步加大激励力度，可采取"超额转跳"政策，即在预设月度计划目标的情况下，不仅按照实际完成的销售额与既定跳点政策计提当月奖金，而且超出目标部分业绩还可以转移到下个月累计，遵循"计点不计量"的原则计提奖金。"计点不计量"指的是转移业绩作为累积额去达成更高的跳点与提成比例，但其不作为该月实际完成的销售额，实际销售额以当月实际值为准。

该阿米巴规定，超出摸高目标值部分将转移至下一个月，按照"计点不计量"原则计算奖金。如5月完成销售额70000元，6月完成销售额35000元，则6月奖金计算如表6-10所示。

在表6-10中，如果常规计算，则6月奖金额=35000×3%=1050元，现在为35000×6%=2100元，是因为5月的销售额影响了6月的提成比例。因此，按照"计点不计量"原则，员工多获得1倍的奖金。采用这种方式，虽然奖金被重复计算，公司多付出了薪资成本，但其目的就是加大激励力度，鼓励员工超额完成目标。

表6-10 按照"计点不计量"原则计算奖金表

月销售额 Y/元	计提比例	5月销售额/元	转移/元	6月销售额/元	6月获得奖金计算	6月资金/元
Y < 10000	0					
10000 ≤ Y < 40000	3%			35000		
40000 ≤ Y < 60000	6%			45000（含转移）	35000×6%	2100
Y ≥ 60000	9%	70000	10000			

④"封高点"的设置。有些公司为了避免员工破坏性冲高或考虑总体资源协调（例如，将货都压在代理商处，并未实现真正销售，或销量太高导致断货、安装跟不上等），会在顶跳之上再加一个"封高点"，该点对应的提成比例骤降，从而阻止业绩过高，见表6-11。

表6-11 带有"封高点"的奖金表

月销售额 Y/元	计提比例	实际月销售额/元	获得奖金/元
Y < 10000	0	9000	0
10000 ≤ Y < 40000	3%	39000	1170
40000 ≤ Y < 60000	6%	40000	2400
60000 ≤ Y < 70000	9%	60000	5400
Y ≥ 70000	3%	70000	2100

⑤有些公司出台的跳点政策是针对每一名员工的，那么，如何防止多名员工私下串通，业绩累加，以获得高点提成呢？两种方法可以解决这一问题。方法一：将多名员工视为一个团队（可能本身都在一个销售部门），公司针对团队出台跳点政策，而后在团队内按实际完成额进行二次分配。方法二：可规定一个基本销售额，如果低于该销售额，且排名末位，则实行末位淘汰。

除了上述实操技巧外，跳点的具体设置与对应提成比例的确定应经过充分核算，在保障公司利益与充分激励员工之间达到一个平衡。至于跳点之间业绩跨度多大为好，多设台阶还是少设台阶，可以结合实际情况反复测算与调整。

"跳点奖金"还有两种不同的形式：一种是"排序跳点"，一种是"平滑跳点"。

排序跳点是在正常跳点的基础上，对业绩排名第一或排名靠前的几名员工给予加点激励的方式。

例如，李明某月实际完成销售额50000元，排名第一，则提成比例由7%增加到9%，将多获得1000元奖金。排序跳点的出发点在于制造内部竞争，营造你追我赶的氛围，对业绩爬上新高发挥激励作用。

平滑跳点的特点是不设台阶，而是与计划目标完成结果紧密捆绑。例如，阿米巴对月度奖金政策做出三条规定：规定奖金计提比例为5%；设定月销售额目标为40000元；员工奖金＝月销售额×5%×月销售额目标完成率。

表6-12 采用"平滑跳点"计算奖金表

月销售目标/元	月销售实际/元	完成率	提成金额/元	提成比例	获得资金/元
40000	20000	50%	10000	5%	500
	36000	90%	32400		1620
	40000	100%	40000		2000
	60000	150%	90000		4500

从表6-12能够看出，当没有完成目标时，实际提成比例低于5%，只有完成目标以后，实际提成比例才超过5%，且越来越高，从而激励员工完成目标。为了避免破坏性冲高及防止实际提成比例过高，在实施平滑跳点奖金办法时还可以增加约束性条件，比如：月销售额目标完成率150%封顶，也就是当销售额超过60000以后，不论业绩达到多少，月销售额目标完成率均按150%来计算。

总之，"跳点奖金"的价值在于加强激励，以期获得业绩突破，为此，企业应掌握相应方法和技巧，并灵活运用。

结　语

第一章分享了阿米巴是可以按产品线、区域、客户群或职能等划分的独立核算利润中心。

第二章分享了组织划分后需要建立阿米巴机构和机能，使阿米巴得到总公司的授权，在总公司的统筹下进行内部交易并确立巴长标准。

第三章分享了如何通过阿米巴经营管理会计细分经营单元，建立统一语言的核算标准并进行科学管理，提高企业的生产性和收益性。

第四章分享了阿米巴利润计划的制订与实施，探讨如何根据"利益的设定"优先于一切原则去倒推年度利润计划，把总公司的目标科学地分解到下级阿米巴。

第五章分享了业绩分析与改善是各阿米巴单元利润计划达成的有效手段，并介绍了业绩分析与改善的方法。

第六章分享了阿米巴如何科学地设计评价指标，以及如何在年初就建立令人心动的分配机制，让每位巴长知道自己做多少贡献年末就能拿到多少奖金。

此六章内容可以帮助企业确定发展目标，并从确立利润计划、寻找资源、实施行动到达成目标，形成一个闭环系统（PDCA）。

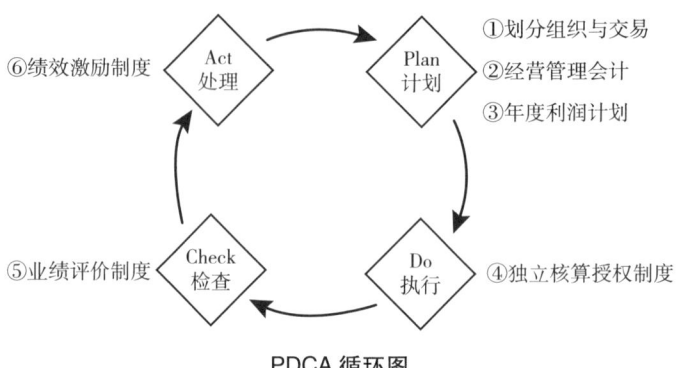

```
⑥绩效激励制度   Act处理  ←  Plan计划   ①划分组织与交易
                                      ②经营管理会计
                                      ③年度利润计划

⑤业绩评价制度   Check检查 ←  Do执行    ④独立核算授权制度
```

PDCA 循环图

阿米巴经营的底层运营逻辑就是根据 PDCA 展开循环，提高员工的经营意识，把核算管理落实到每个阿米巴，不断提升工作的附加价值，改善核算状况，大幅提升业绩。PDCA 要持续转动，不断提高其速度和精度是极为艰难的，正因为如此，我们才形成上述六章内容，即阿米巴落地六大模块。

如果企业管理者能认真理解并实践书中内容，在瞬息万变的市场环境中，就可以构建起这样一种经营体系，增强企业的"体质"。

衷心希望有更多的企业引进阿米巴经营模式，打下持续发展的管理基础，帮助企业再次腾飞。

此书得以出版特别感谢卢妙霞、钟明镜、杨彬、杨胜余以及客户、老师、同事、朋友和家人的支持。

附1　设计经营管理会计损益表的注意事项

一、经营管理会计损益表一级科目说明

1. 销售额的定义与界定

本着发生主义的原则，销售额的定义包括以下几方面：合同签署一刻的销售额；发货一刻的销售额；顾客收货一刻的销售额；收到货款一刻的销售额。

对于界定的销售额，费用要做出上述明确的定义，并遵循当月销售额与费用一一对应（权责发生）的原则。

2. 变动费的分解

从变动费的三个水准来定义和理解费用，变动费分解成销售成本（变动成本）、其他变动费和业务资金利息，从"其他变动费体现销售业态的关系"的角度来设计科目。

3. 固定费的分解

从固定费的三个水准来定义和理解费用，参照固定费4分类基准分解：人工费、设备费、固定资金利息、其他经费。

二、经营管理会计损益表的设计

1. 变动费与固定费的分解表（见表1）

表1 变动费与固定费的分解表（样表）

	费用科目	变动费	固定费		费用科目	变动费	固定费
1	法定福利		√	13	主要原材料费	√	
2	物流费	√		14	直接人工费	√	
3	设备保养费		√	15	厂房租金		√
4	目录费	√		16	工资		√
5	生产用水电费	√		17	招待费	√	
6	折旧费		√	18	奖金		√
7	支付利息		√	19	库存资金利息	√	
8	经营者报酬		√	20	一般福利费		√
9	展示会费	√		21	收取利息		√
10	租赁费		√	22	公共课税		√
11	退休金		√	23	办公用品费		√
12	应收款资金利息	√		24	—		

2. 经营管理会计损益表

经营管理会计和财务会计是基于相同的数据库做出来的，利用财务会计损益表（三级科目）编制出经营管理会计损益表（见表2）。

表2 经营管理会计损益表（样表）

名称：A 有限公司　　　　2021 年年度　　　　　　（单位：万元）

科目			编号	科目内涵	理由	频次	金额	比率销
销售额	总销售额		1					
	退货额		2					
	纯销售额		3					
变动费	变动成本	主要原材料费	4					
		直接人工费	5					
		生产用水电费	6					

毛利变纯利

续表

科目			编号	科目内涵	理由	频次	金额	比率销
变动费	其他变动费	展示会费	7					
		目录费	8					
		招待费	9					
		物流费	10					
	业务资金利息	应收款资金利息	11					
		库存资金利息	12					
	小计		13					
边界利益			14					
固定费	人工费	经营者报酬	15					
		工资	16					
		奖金	17					
		退休金	18					
		法定福利	19					
	设备费	厂房租金	20					
		租赁费	21					
		折旧费	22					
	固定资金利息	收取利息	23					
		支付利息	24					
	其他经费	一般福利费	25					
		设备保养费	26					
		办公用品费	27					
		公共课税	28					
	小计		29					
经营利益			30					

横列由科目、编号、科目内涵、理由、频次、金额、比率销组成。有的科目包含三级，如变动费分为变动成本、其他变动费和业务资金利息，变动成本又分为主要原材料费、直接人工费和生产用水电费，那么变动费为一级科目，变动成本为二级科目，主要原材料费为三级科目。

附1　设计经营管理会计损益表的注意事项

①编号。已有编号可以参考财务会计的编号，财务会计中没有的科目按照经营管理会计的原则进行编号。

②科目内涵。说明科目的具体内容、构成、特征，如应收货款资金利息（应收货款资金利息＝应收货款金额×利率）。

③理由。说明某三级科目作为变动费或固定费的理由，并与同事达成共识。说明理由时请参照变动费和固定费的定义（特别是高级水准）。对于每个三级科目都要认真思考，说明理由，不同的三级科目的理由应不同，杜绝写"为了获取销售额"等笼统的话语。

④频次与金额。科目数据的提供频次要做到以月度为结算单位，如房租是按季度结算的，就需要把房租分摊到每个月，遵守一一对应原则（当月的销售额与成本、费用要一一对应），否则报表没有意义。

⑤比率销。比率销是对纯销售额的比率（编号1—30计算比率）。

纵列由变动费和固定费组成。变动费可分为变动成本、其他变动费、业务资金利息，固定费分为人工费、设备费、固定资金利息、其他经费。

三、经营管理会计损益表个别科目说明

1. 广告费的分解（见表3）

表3 广告费分解表

费用	促销费	宣传费
目的	促进销售	广而告之、建立品牌力
对象	具体商品	品牌（企业、店铺、产品）
期间	极短期的（秒杀至1周）	长期的（1年以上）
管理部门	营销企划部	经营企划部
费用分解	变动费	固定费

2. 奖金

对应经营管理会计损益表的三个收益项目，有以下三类奖金。

（1）对应销售额的奖金

目的：提高销售额。

方式：首先设定销售额目标，超过目标部分的销售额，设计不同层级的提成比率。比如，销售额目标设定 100 万的提 1%，超过 100 万的提 2%。

对象：个人。

费用分解：变动费。

企业与员工之间的关系：是短期的，即员工依靠个人能力可在 A 企业获取，也可以在 B 企业获得。

（2）对应边界利益的奖金

目的：提高边界利益。

方式：首先设定边界利益目标，超过边界利益目标的部分，设定不同等级的提成比率，作为奖金激励团队。

对象：团队。

费用分解：从发生目的来看，是变动费。

企业与员工之间的关系：是中期的，该奖金的获取，个人能力再强也拿不到，需要跟各部门配合。比如要降低变动成本需要跟生产部配合，要降低物流费需要跟仓储部门配合。

（3）对应经营利益的奖金

目的：提高经营利益。

方式：首先设定经营利益目标，超过经营利益目标的部分，设定不同等级的提取比率，作为奖金进行分配。

对象：全公司。

费用分解：为了提高整体经营能力，是固定费。

企业与员工之间的关系：是长期的，该奖金的获取，仅靠团队配合是不够的，要依靠整个企业各部门的协作才能拿到。比如，需要经营管理部、人力资源部、财务部、信息部整体的配合才能完成利益目标。

以上是对应经营管理会计损益表的奖金，还要有对应资产负债表、现金流量表的奖金，如仓库问题（资产）、应收账款问题（现金），设定与奖金挂钩的机制。

3. 工资

任何科学的薪酬设计都必须包括三个方面：结构设计、等级设计、晋升设计。这里仅限于结构设计。美国心理学家弗雷德里克·赫茨伯格提出双因素理论，即薪酬具有保健因素（指固定薪酬），也有激励因素（指业绩薪酬）。保健因素只是不让员工抱怨，要让员工积极性提高需要的是激励因素。薪酬的特性除具有保健作用外，还应该具有激励作用。即使在总金额相等的情况下，由于结构及其比例的不同，对于员工的激励也会出现"石墨与金刚石"的差距。"高固定＋低浮动"的薪酬结构保健作用较大，对于招人和留人有一定的好处，但不易激发员工工作的积极性；相反，"低固定＋高浮动"的薪酬结构激励作用较大，比较容易激发员工的工作热情，但在招人和留人方面风险性较高。通常，薪酬结构如表4所示。

表4 绩效型薪酬结构的设计

一级结构	个人薪资（资历工资）			岗位薪资		业绩薪资	
二级拆分	工龄补贴	学历补贴	能力工资	岗位工资	职位补贴	绩效工资	各种资金

工资收入 ＝ 固定部分 ＋ 浮动部分×评价
　　　　　　保健因素　　　　激励因素
　　　　　　对人评价　　　　对事评价
　　　　　　（固定费）　　　（变动费）

①个人薪资。根据岗位重要度、职责宽度（如管理多部门）、工作复杂度（非标工作）来设定。

②岗位薪资。即能力工资，可以实行等级资格制度，比如同一个职务有不同等级的工资。

③业绩薪资。指月度、半年、年度的提成工资、计件工资、绩效工资、各种奖金，一般与销售额、边界利益、经营利益挂钩。

固定部分1年或1年以上不变，浮动部分可以年度变动、半年变动、月度变动。变与不变各自的比率，如表5所示。

越是高层，变动工资所占比率越大；越是基层，变动工资所占比率越小。但很多企业的工资结构比率设计正好相反，这样的设计是不正常的，因为基层员工不具备直接对业绩结果负责的能力。因此可以把工资比率放在能力提高的引导上，可以跟员工说明，固定工资高是有条件的，半年、一年后员工

表5　工资结构比率的设计（例示）

岗位层级	固定工资	变动工资
高层	↑	50%~80%
中层		25%~35%
基层		10%~20%

必须要具备这个能力，通过考试或工作过程中对能力的评价，如果不合格，固定工资会降下来。

工资、奖金制度是企业的根本性制度，牵一发而动全身，因此，制订工资、奖金制度时要结合企业自身的理念、远景、长中期经营计划、年度经营计划等综合思考。比如重要岗位担当者的月薪可以与其他企业对比，但是额度是以何种思路确定的，以及如何安排，必须自己思考。

4. 业务资金利息

未收货款利息的计算，要对未收货款的安全性进行评价：未收款→呆账→坏账（2年）。坏账要按照金额直接计算到经营管理会计的损益表上，不算应收款利息。计算业务资金利息，利率建议按照长期贷款利率计算。

除了把利息计入成本，我们还要进一步追问：高应收款是如何形成的呢？对此，要深入剖析原因，可能原因有四项：第一，销售人员只管销售，不管回款，回款由售后服务人员负责，但售后服务人员的收入不跟回款挂钩，只与服务挂钩，导致后续回款催收不利；第二，代理商欠款，但对其发货没有控制，监管不严，导致后续货款很难收回；第三，部分产品质量差，导致用户无法履行协议付款；第四，工程安装拖期或安装质量有问题。源头找到后，企业就可以制订有针对性的措施，安排下一步的控制工作。

5. 库存资金利息

如果是时装企业，应当站在卖新鲜蔬菜一样的角度思考（如今年100元的标价明年就会打折）。对于品牌商，其产品按3年减值（比如按5∶3∶2的原则）完成，到第4年产品的价值就变成0元。关于库存资金利息，按库存减值后的余额乘以利率进行计算。

四、提高边界利益率对策的方法

列举至少5个变动费科目,通过加强管理来提高边界利益率。对策必须要做到可实践、可操作的程度,看了之后可以立即着手去做。可按照以下格式整理提高边界利益率对策表:通过……(手段),对什么……(具体问题点),采取什么……(对策的具体内容),达到……目标(边界利益率改善的量化效果),见表6。

表6 提高边界利益率对策表

示例	通过集中采购	对耗料价格不统一	采取目录请求降价	达到成本下降2%
对策①	通过	对	采取	达到
对策②	通过	对	采取	达到
对策③	通过	对	采取	达到
对策④	通过	对	采取	达到
对策⑤	通过	对	采取	达到

通过加强管理提高边界利益率时,把握重点要解决的问题:

- 对企业上部构造的各科目(变动成本及其他变动费)进行细分,如原材料的细分;
- 细分各费用科目,比如销售额的比率(费用率),按照过往3年的数据进行分析,比如某项费用率看3年的对比,是上升、平稳,还是下降;
- 从中挑选出两大类的细分科目作为重点加以分析。第一类是占销售额的比率最大的科目;第二类是占销售额的比例,看3年的对比有无恶化倾向,或者已经明显恶化的科目,进行原因分析,并明确对策。

五、个别企业设计经营管理会计损益表的要求

1. 连锁类型企业

连锁类型企业要做企业整体的损益表、各区域的损益表和每个区域中每

个店铺的损益表。

2. 贸易类型企业

贸易类型企业要做企业整体的损益表和商品群类别的损益表。

3. 生产制造企业

生产制造企业要做企业整体的损益表、每个工厂的损益表、每个工厂里的生产、销售的损益表和每个工厂里的旧技术、新技术的损益表。

4. 销售类型的企业

销售类型的企业要做企业整体的损益表、各个销售体系（业态）的损益表和商品群类别的损益表。

附2 阿米巴经营管理会计损益表常用计算公式

一、损益表计算公式

边界利益 = 销售额 – 变动费

经营利益 = 边界利益 – 固定费

经营利益 = 销售额 – 变动费 – 固定费

销售额 = 经营利益 + 固定费 + 变动费

变动费率 = 变动费 ÷ 销售额

材料成本率 = 材料成本 ÷ 销售额

边界利益率 = 边界利益 ÷ 销售额

固定费率 = 固定费 ÷ 销售额

经营利益率 = 经营利益 ÷ 销售额

边界利益 = 销售额 ×（1 – 变动费率）

边界利益 = 边界利益率 × 销售额

经营利益 =（边界利益率 × 销售额）– 固定费

变动费率 = 100% – 边界利益率

变动费率 = 100% – 固定费率 – 经营利益率

边界利益率 = 100% – 变动费率

固定费率 = 100% – 变动费率 – 经营利益率

固定费率 = 边界利益率 – 经营利益率

总费用率＝100％－经营利益率

本巴贡献利益＝本巴边界利益－本巴固定费

本巴经营利益＝本巴贡献利益－上级巴（总公司）费用分摊

二、 损益分歧点与损益分歧点安全度计算公式

损益分歧点销售额＝固定费÷边界利益率

损益分歧点安全度＝计划（实绩）销售额÷盈亏平衡点销售额×100％

三、 生产性计算公式

固定费生产性＝边界利益÷固定费×100％

损益分歧点安全度＝固定费生产性

人工费生产性＝边界利益÷人工费×100％

人工费生产性评价标准＝固定费生产性评价标准÷人工费集约度

人工费集约度＝人工费÷总固定费×100％

人·月劳动生产性＝边界利益（年）÷人员数/12

四、 保利点计算公式

①保利点（目标经营利益额销售额）＝（经营利益＋固定费）÷边界利益率

②保利点（目标经营利益率销售额）＝固定费÷（边界利益率－目标经营利益率）

五、 经营利益差异分析计算公式

①销售额差异＝（实绩销售额－计划销售额）×计划边界利益率

②边界利益率差异额＝（实绩边界利益率－计划边界利益率）×实绩销售额

③固定费差异额＝实绩固定费－计划固定费

参考文献

［1］三枝匡．公司改造［M］．十字路，译．天津：天津人民出版社，2019．

［2］稻盛和夫．稻盛和夫的的实学：经营与会计［M］．曹岫云，译．北京：东方出版社，2011．

［3］稻盛和夫．企业成长战略［M］．周征文，译．北京：机械工业出版社，2017．

［4］雷 H. 加里德，埃里克 W. 诺琳，彼得 C. 布鲁尔．管理会计［M］．王满，译．北京：机械工业出版社，2018．

［5］弗雷德里克·泰勒．科学管理原理［M］．马风才，译．北京：机械工业出版社，2009．

［6］彼得·德鲁克．卓有成效的管理者［M］．许是群，译．北京：机械工业出版社，2005．

［7］彼得·德鲁克．管理的实践［M］．齐若兰，译．北京：机械工业出版社，2006．

［8］菲利普·科特勒，凯文·莱恩·凯勒．营销管理［M］．15 版．何佳讯，等译．上海：上海人民出版社，2016．

［9］斯蒂芬 P. 罗宾斯．组织行为学［M］．孙建敏，等译．北京：中国人民大学出版社，2005．

［10］史蒂文 L. 麦克沙恩，玛丽·安·冯·格里诺．组织行为学［M］．井润田，等译．北京：机械工业出版社，2007．

［11］梁学荣．事业部制［M］．北京：企业管理出版社，2016．

［12］戴维 R. 安德森，等著．数据、模型与决策［M］．12 版．侯文华，等译．北京：机械工业出版社，2009．

［13］康至军．事业合伙人［M］．北京：机械工业出版社，2016．

［14］陈春花．认知管理［M］．北京：企业管理出版社，2021．

［15］贺志东．企业成本管理操作实务大全［M］．北京：企业管理出版社，2018．

［16］马斯洛．人的潜能和价值［M］．林方，主编．北京：华夏出版社，1978．

［17］杰克·韦尔奇．杰克·韦尔奇自传［M］．王永贵，译．北京：中信出版社，2007．

［18］俞文钊．现代领导心理学［M］．上海：上海教育出版社，2004．

［19］切斯特 I. 巴纳德．经理人员的职能［M］．王永贵，译．北京：机械工业出版社，2007．

［20］亨利·法约尔．工业管理与一般管理［M］．迟力耕，等译．北京：机械工业出版社，2007．

［21］何森．企业英雄［M］．北京：中国经济出版社，2003．

［22］布莱恩·特雷西．关键点［M］．关小众，译．北京：电子工业出版社，2003．

［23］马克斯·韦伯．经济·社会·宗教——马克斯·韦伯文选［M］．郑乐平，编译．上海：上海社会科学院出版社，1997．

［24］陈国权．组织行为学［M］．北京：清华大学出版社，2007．

［25］赫伯特 A. 西蒙．管理行为［M］．4 版．詹正茂，译．北京：机械工业出版社，2007．

［26］马克斯·韦伯．经济、诸社会领域及权力（第 2 卷）［M］．李强，译．上海：生活·读书·新知三联书店，1998．

［27］漱口龙一．创造利润的方程式［M］．何晓磊，译．北京：机械工业出版社，2019．